鉄条網に咲いたツルバラ

韓国女性８人のライフストーリー

パク・ミンナ◉著
大畑龍次◉監修

同時代社

鉄条網に咲いたツルバラ／目　次

【凡例】

1、訳者注は、本文中［ ］で表記し、長文になる場合は各章末にまとめた。

2、漢字表記の人名、地名には、初出にルビを付した。

発刊の言葉
あのとき、あなたたちがいなかったら……

韓国女性労働者会協議会代表
イ・チョルスン

皆が貧しく、皆が辛かったあの時代。田舎から風呂敷包みを胸に上京した幼い少女たちは、ホコリが立ち込める工場へ入らなければなりませんでした。息をつくのも辛い、その苦しい労働現場で一日一二時間もの労働を嫌がりもせず、一生懸命働きました。そうして稼いだ五千ウォンの月給は、幼い弟妹たちの本代になり、親たちの糧になりました。とんでもないノルマを押し付けられ、そのノルマができなければトイレにさえ行けませんでした。毎日食べるものはというと、スイトンと菜っ葉汁、そしてキムチもなく、マーガリンと味噌をまぶした御飯がすべてでしたが、田舎の家族を思うと倒れることはできませんでした。

家の大人たちは、女は自分の名前さえ書ければいいと言いましたが、できなかった学業への未練は、時が経つほど幼い女性労働者を辛くさせました。機会があったら、勉強がしてみたかったのです。あの時代に夜学が盛んだったのは、そのような理由があったのです。

あなたたちは、この地の貧困を振り払うための産業戦士として、か細い肩に重い時代の荷を担わなければなりませんでした。しかし、あなたたちは貧しさを悲観することなく、親を恨みもしませんでした。むしろ、慰め合い、頼り合いながら心から愛し合っていました。そして、激しく闘いはじめました。何が正しいのか、何が間違っているのか、一度開いた瞳は閉じることを知らず、いつかは変わるだろうという希望を持って弛まず闘いました。体を張って労働組合を、職場を、そして労働者としての誇りを守り抜きました。糞尿まみれになっても、ゴミ捨て場に投げ込まれても、何もわからぬ異国の地でも、喉を嗄らして叫びながら、一度もその信念を捨てたことはありませんでした。

厳しい時代、名もなくスポットライトを浴びることもなく労働運動を切り開いてきたあなたたち、あのときあなたたちがいなかったら、八七年の大闘争はあったでしょうか、この地に民主化がこれほどまでに可能だったでしょうか、今日の民主労組運動が存在できたでしょうか。今日の急速な社会の民主化と労働運動の発展は、あなたたちの語られることのない犠牲と血と汗があってはじめて可能でした。しかし、いまとなっては誰も記憶しておらず、埋もれてしまった数多くの女性労働者、あなたたちの名前をひとりひとり呼んでみましょう。

糞尿を浴びせかけられながら最後まで闘争の火を絶やさなかった、
巨大資本に抗して民主労働組合を守るために闘った、
全泰壱《チョン・テイル》烈士の焼身から始まった七〇年代の労働運動の最後を飾り、

独裁政権を倒すのに大きな役割を果した、
ゴミ捨て場に投げ込まれながら最後まで独裁政権と対峙した、
私たちは一人ではない！　我が国最初の連帯闘争の幕を上げた、
外国資本撤退に抗して異国の地で遠征闘争を繰り広げた、
企業の偽装廃業に抗して闘った、
友の死を乗り越えて涙で闘った、

あなたたち！

今、あなたたちを記憶することは、忘れられた私たちの名前を取り戻すことです。埋もれさせてはならない私たちの歴史と対面することです。しかし、この本でさえ、そのすべての名前を記すことはできませんでした。限られた紙面と制約をお許しいただき、その名前の前にこの本を捧げます。

また、この本を世に送り出してくれた作家パク・ミンナさん、インタビューに快く応じてくれた皆さんに心より感謝いたします。

日本語版によせて

パク・ミンナ（朴敏那）

本当に幸せです。この一冊の本を出すにあたって準備し、人に会い、文章を書き、まる二年の歳月が過ぎました。しまいこんで手がつかないときもありましたが、再び引っ張り出して見るたびに、八人の方と向かい合って時を忘れ交わした話がふつふつと思い出され、私の心を暖かくしてくれました。彼女たちにはもっとも辛い時代の話でした。でも、そのなかには幸せだったこと、楽しかったこともたくさんありました。やっと世間を知り始め、箸が転んでも笑いが弾ける、そんな年頃だったからです。勉強が十分できなかったのは悔しいことでしたが、お金を稼ぐことができ、やっと大人になれたことが胸踊ることだったそうです。それゆえ、何よりも不正に怒り、正義が受け入れられないことが悔しく、純粋さだけでは説明できないことが悲しかったのです。

本当に胸が痛みます。幼くして家族の生計を背負わされ労働現場に出て、巨大な機械におびえて肝を冷やし、恐ろしい班長や主任の怒鳴り声と罵りに涙を流し、正当な自らの権利を主張しては殴られたあの時代、先輩たちの勇気に目頭が熱くなり、胸が痛むのです。こうして目の当たりにした不正義と仲間たちとの同志愛が刻まれ、再び一生を正義のために懸命に生きた方々でした。

中には話したくないことも多かっただろうに、記憶の奥底にしまいこまれていた話を根掘り葉掘り聞き出し、語り合えた彼女たちとの日々に感謝します。ともに笑い、涙を流した時間は、私にとっては宝石のように貴重なものでした。

本当に感謝しています。拙い文章が恥ずかしくもありますが、歴史の中に埋もれて失われようとしていた先輩たちの話が世に知られ、読まれることはとても感謝すべきことでした。さらに、英語版が出版されてより意味のあることとなりました。その上、今度は日本でも韓国の女性労働運動家の生き方をともに楽しみ感動できる機会が生まれ、本当に感謝にたえません。

先輩たちの話は一〇年、二〇年、三〇年前のことですが、現在も相変わらず繰り返されている女性労働者たちのことでもあります。新自由主義的グローバリゼーションの影響によって労働者の権利が日に日に危機的状況となっており、特にその一番の被害は依然として女性労働者が負っているのが現実です。日本の女性労働者の状況もまた同じだろうと思います。この韓国女性のライフストリーを通じ、その思いを日本の女性たちと分かち合える時間がもてればこんなに嬉しいことはありません。

このような貴重な機会を作ってくださった大畑夫妻に深く感謝します。そして、日本語版の出版にご尽力くださった同時代社の川上徹さん、共訳者の皆さん、古田武さんをはじめとする「『鉄条網に咲いたツルバラ』の出版をすすめる会」の皆さんに感謝申し上げます。

二〇〇七年も皆さんのおかげで幸せな一年となることでしょう。

二〇〇六年一二年一一日

[地図] 本書に登場する主要都市

第一章　労働組合は私にとって希望そのものだった

イ・チョンガク（李総角）略歴

一九四八年　黄海道《ファンヘド》延白《ヨンベク》に生まれる
一九五一年　朝鮮戦争の後退時、母に背負われて韓国側に来る
一九六六年　東一《トンイル》紡織に入社
一九七七年　東一紡織労働組合の支部長に選出される
一九七八年　四月二三日「東一紡織糞尿汚物事件」の闘いで逮捕され
　　　　　　九月一二日出所
一九八七年　「韓国労働者福祉協議会」支部長
一九九一年　仁川《インチョン》の九月洞《クウォルドン》に「青松の家」をオープン
現　　在　仁川「青松の家」館長、「仁川労働研究院」院長、仁川市
　　　　　南洞《ナムドン》区自立支援センター館長、「韓国自立支援センター協
　　　　　会」仁川支部長

一九七八年二月二一日、早朝六時一〇分前。風はまだ冷たいが、春はそう遠くない。東の空はまだ明けきっていなかった。闇が低く漂う工場の細い横道を抜け、仕事を終えた夜勤班の女性労働者が組合事務所に三々五々集まってくる。支部長選挙の投票のためだ。この選挙は労働組合をつぶそうとする会社側の横暴と脅迫の中で実施されていた。過酷な夜勤で疲れ切った組合員を骨の髄にまで染み入るような早朝の寒さが襲う。だが、その寒さに不平をこぼす者は誰もいなかった。彼女たちは組合を守ろうとする一心だった。

その時だった。冷たい闇を引き裂くような悲鳴が上がった。男たち数人がバケツを持って押し駆けて来ると、いきなり組合事務所に何かを撒き始めた。たちまち組合事務所はむっとするウンコの臭いでいっぱいになった。会社にそそのかされた男の社員たちだった。何が起きたのか考える暇もないま、女性組合員たちは彼らの狼藉から逃れようと走りまわった。もはや組合事務所は悪臭立ち込める修羅場と化した。

地獄とはこんなものだろうか。

「こんな目に遭うなんて。みんな真っ青になって、地べたに座り込んで泣き叫んだのよ。獣のようだった。これまで、いくら貧しくてもウンコを食べて生きてきた訳じゃない。どんなに悲しくて腹立だしかったか……」

本当にひどい時代だった。労働者が労働組合を作ることも、活動することもすべて人間扱いされず、「アカ」のレッテルを貼られた時代だった。二六年経った今でも刻みつけられた記憶から決して消すことのできないこの事件は、イ・チョンガクにとって人生の「里程標」のようなものだった。どんな辛いことがあっても、あの時を思い出せば乗り越えられる。今では「青松の家」でこの一三年間、地域住民とともに活動している彼女だが、決して労働運動から離れたとは思っていない。どこで何をしていても、人らしく生きられる平等な社会のために自ら闘いの歴史をしっかり歩んできた。

イ・チョンガクは一九四八年黄海道延白で、一男六女の三番目の子として生まれた。すでに彼女の苦難の歴史は朝鮮戦争最中の一九五一年、母におぶわれて南側にやってきたときから始まっていたのかもしれない。

「一月だったから寒いの何のって。母方の祖母がひとりだけ子どもの面倒をみてくれることになったので、二番目の姉は北に残ったの。それで私たちは『離散家族』になった。来るとき父は一緒に来られなかったのよ。だから母が姉の手を握り私をおぶって、ズブズブぬかるむ干潟から脱出したの。やっとの思いで陸地にたどり着くと、銃弾がアラレのように降ってきたので、母は子どもを背負っていることも忘れて夢中で走って逃げたのよ」

腹をすかせたまま何とか避難民の集まる仁川《インチョン》の花水洞《ファスドン》までたどり着くとテントを張った。大きなテントを仕切っての他人との同居生活だったが、それでも火鉢が置けて何とか寒さをしのげた。ようやく自前のテントを張れたのは、それなりに事情が少しよくなってからだった。それでも雨が降ると、雨漏りのしずくを受ける物をずらっと土間に並べるしかなかった。当時テントを張るのは違法だった。ある日、親もいない時の取締りで、幼い彼女の目の前でテントが取り壊された。怖さに震えてどんなに泣いたことか。今思い出しても胸がいっぱいになる。少し大きくなってからは土で固めた古い長屋のような所に移り住んだが、隣の話は筒抜けだった。貧しい人たちはあちこちで四六時中喧嘩をしていた。

「当時は時計もなかったわ。朴正煕《パク・チョンヒ》［当時の大統領］が全世帯にスピーカーを取り付けて、早朝の四時だか、五時だかに流行歌のようなものを流していたのよ。それを聞いて時間の見当をつけるんだけど、夜は空を見上げて星がどの辺にあるかで時間をはかったものよ。近所ではしょっちゅう厄払いをしていた。当時は海で溺れて死ぬ人も多くてそれで厄払い、トイレに落ちると死ぬといわれて厄払い、あれやらこれやら一年中ずっと厄払いしていたのよ。巫女の叩く太鼓や銅鑼の音で町内は騒々しかったわね。でも、一番忘れられないのは何と言ってもトイレよ。朝はみんなが争って共同便所の前に長い列を作って順番を待ったの。夏には大便が溢れて足の置き場もないし、冬は冬で、あふれた糞尿が凍り付いて便所の渡り板にベッタリくっついて盛り上がっていたのよ。考えてみれば当時、一番大変だったのは用を足すことだったかもしれないわね。

食べるものといえば、せいぜい小麦を籾のまま砕いて少しの米と混ぜて食べるくらいね。でも海辺だったので、ナマコやアサリなどを採って食べられたから幸せな方だったわね。海のある松島《ソンド》まで歩いて一時間もかかったけど、浜辺ではアサリがざくざく採れて、どれほど嬉しかったことか。夏の月明かりには澄んだ海の底にカニが這うのを見て捕まえようと、歓声を上げて裸足になったり泳いだりしたのよ。暮らしは大変だったけど、考えてみると楽しい思い出いっぱいの時代だったわね」

はるか遠くで……パンツ姿で浜辺を走り回る子どもたちのはしゃぎ声が聞こえるようだ。誰もが職もなく、ひもじい時代だった。それでも彼女は、ヒエ粥しか食べられなかった山村よりは幸せだったのかもしれない。

故郷を遠く離れたせいか、父はまるで道楽者のように仕事に行かず飲んで暴れるばかりだった。母は、石炭売りや魚売りなど到底語りつくせない苦労で子どもたちを育てた。そんな中で、彼女は中学校に合格した。だが、一学期も経たないうちに学校をやめるしかなかった。姉も小学校を卒業してすぐに東一《トンイル》紡織に就職したので、彼女が家で食事の用意をしたり、妹や弟の面倒を見たりしなければならなかったのだ。そうしているうちに、真面目に働いていた姉の課長への「イシモチの賄賂」のおかげでイ・チョンガクも東一紡織に就職できることになった。当時の仁川には工場があまり多くなく、東一紡織に入るためには管理職の社宅で一、二年お手伝いさんをしてから、やっと入社できるのが普通だった。
一九六六年一月八日。それほど入社が困難な工場に就職できて、とても嬉しかった彼女は今でもその日付をしっかり記憶している。

「現場に入ると、むっとする熱気が襲ったわ。冬だというのにね。みんな蒸し暑いので、膝上一〇センチ以上のミニスカートをはいていたのよ。私はぼうっとしたまま、自分が働く現場まで連れられて行ったわ。薄暗い廊下を五分ほど歩いたかしら。初めてだし、すべて馴染めなくて恐ろしかった。工場の中は綿埃がまるで雪が舞うように漂って、大きな機械が鼓膜の破れそうな轟音で回っていて地獄に来たかのようだった。その日から仕事よ。でも工場で使うことばが全部日本語なので、何を言ってるのかさっぱりわからなかったわ。その上、うるさくてよく聞こえないのよ。指導員だという人が睨みつけて、罵声を浴びせながら教えるのだけど地獄の鬼のようだったわ。でも、日当七〇ウォンをもらうために歯を食いしばって頑張った」

あれから三〇年、今でも彼女は青い作業服を着て機械の前で働く夢を見る。あの巨大な機械と現場のホイッスルの音。班長の怒鳴り声。それでも一生懸命働いて妹や弟を勉強させなければならないという切迫した気持ち。一日一〇時間、一二時間以上の労働……。彼女の胸に刻まれた記憶だ。

「一四〇〇人以上の中で模範生として選ばれたり、賞という賞は独占したりするくらい一生懸命働いたわ。どれほど頑張ったかというと、当時『一分間で一四〇歩運動』というのがあったけど、他人が一分間一六〇歩で一〇台の機械を見るとき、私は一二、三台の機械を見てのけたの。だから、入社三カ月で四、五年のベテランが受けられる品質管理教育に行けて、模範社員として表彰されるほどだった。副賞でもらったピカピカのステンレス製ナベがどんなに嬉しかったことか。それが励みになって辛くても大変だと思わず働いたのよ。ある日、食堂が火事になって、昼食時にテントで海苔巻きと太い大根キムチを一、二個くれたことがあったのよ。それがどんなにおいしかったか、思い出すと今でもヨダレが出そうよ」

その頃は、一瞬の仕事も逃すまいと緊張していたのかもしれない。彼女はとても小さな日常まで一つひとつ記憶していた。ようやく世の中を知り始めた繊細な女の子にとって、世間はあまりにも大きく、しっかりしないと飲みこまれそうだった。

一九六七年、あまりの貧しさに入院もできずに妹が死んだ。小学校四年生の幼い妹を亡くした家族の悲しみと嘆きは深かった。そのとき、カトリック教会が亡くなった妹のために葬儀ミサをしてくれた。これがきっかけとなり、その後のイ・チョンガクはＪＯＣ（韓国カトリック労働青年会）〈1〉との関係の中で労働運動家として生きて行くことになる。

「カトリック教会が妹のために親身になってくれたので、それから私は教会に通うようになったの。教会では工場で働く先輩のお姉さんたちとも親しくなって、そのお姉さんたちが私をJOCに紹介してくれた。そこで当時指導委員だったチョン・ヤンスクさんから初めて全泰壱《チョン・テイル》さん〈2〉の話や、労働組合の話を聞いた。その話はすべて感動することばかりだったわ。これまで身に染み付いた貧しさはすべて両親のせいで運命だとあきらめていたのに、そうではなかったのよ。労働者も働いた分だけ受け取る権利があり、人らしく生きる権利があるなんて！　それを知った時、どれほど嬉しかったか。私、見た目はおとなしそうに見えるけど、我慢できないと完全に自分を忘れるほど喧嘩早いのよ。そんな性格からか、労働組合の活動を始めると夢中になったのね」

一九七二年五月一〇日、労組婦人部長だったチュ・キルチャは定期大会で、会社側の支援を受けた男性候補を見事打ち破り韓国史上初の女性支部長になった。一三八三人の組合員のうち一二一四人が女性だったということを考えれば、ある意味当然とも言えたが、当時は女性が支部長に選出されるということはあり得ないことだった。これは民主的で自主的な労働組合の誕生を意味する画期的な出来事として注目を集めたが、一方では東一紡織労働組合の険しい道のりを予想させるものでもあった。この背景には趙和順《チョ・ファスン》牧師を中心にした仁川の都市産業宣教会の活動〈3〉があった。

「チュ・キルチャ支部長は宣教会やＪＯＣとも関係のない人で、組織的な観点が足りなかったのよね。すべて多数決で決定したので特に問題はなかったけど、今考えると、少しずつ意識に目覚めはじめた私たちに苛められることも多かったと思う。私たちは成し遂げたという自信と組合を守らなければならないという責任感で緊張していて、気が急いていたのね。今考えると悪かったとは思うけど、労働組合を知って無我夢中だったのよ」

労組執行部の全員が女性だった。男性組合員が冷ややかに「どのぐらい持つか見てみよう」というなかで、彼女たちは男に負けてはならない、むしろ女たちの方がもっとうまくやれるという思いで、固く団結していた。このときイ・チョンガクは代議員に選出され、本格的な労働組合活動に足を踏み入れることになる。

「代議員になると生産部長が私を呼び出したのよ。私の手を握ると、君は何も知らずに労働組合に入ったのだろうが何の得にもならないから脱退しろ、と言うのよ。でも、私は聞く耳を持たなかった。誰が何と言おうと活動に夢中になっていたのね。まるで水を得た魚のように生き生きと活動し始めたわ。それから争議部長を任され、その後婦人部長、教育部長として活動したのよ」

一九七五年、チュ・キルチャの任期が終了し、新たにイ・ヨンスク執行部がスタートすると、イ・

チョンガクは労働組合の総務［現在の事務局長］になった。

「一生懸命活動して総務になって、支部長と一緒に組合事務所の専従になったのよ。それで気持ちの持ち方も随分変わったわね。組合員教育に拍車がかかったのはその時からね。多くの組合員が『労働組合とは何か』、『勤労基準法とは何か』などを学習すると、すごい手ごたえだったのよ。会社からの本格的な締め付けもそれからよ。会社側は作業能率を監視したり、作業アップを図ったりして、トイレの時間まで見直し始めたのよ。少しでも個人的に集まると疑って問いただしたりした。組合員の昇級を差別して圧力をかけ、そのせいで会社を辞める人も出たわ。支部長は外部との折衝が主だったので、組合事務所に常勤していた私がみんなの苦しみを引き受けることになってしまったのよね」

彼女は目を輝かせて、労働組合を知ってどれほど嬉しかったか、無我夢中で活動し、胸を張って闘ったことなどを話してくれた。しかし、会社側はその後、あらゆる攻撃と弾圧を加え、彼女にもつらい試練が待ち受けていた。

一九七六年四月三日の代議員大会を前にして、会社にそそのかされた何人かの代議員が大会開催の妨害工作を始めた。半数近くの代議員が騙されて会場から連れ出されたために一旦延期された代議員大会が四月二三日に再開されると、今度はイ・ヨンスク支部長に不信任案を提出し、組合の主導権を奪おうとする陰謀が行われた。代議員大会は再度流会となったが、会社側の不当な介入が続くなか、組合執行部は会社側について反組合的な行為をした四人を除名処分にするため繊維労組中央委員会の承認を受けた。すると、会社側の代議員がこっそり集まり寄宿舎のドアに鍵をかけて「代議員大会」を開催し、現執行部を不信任に追い込む策略を図ったのだ。三年にわたるチュ・キルチャ執行部の活動で組合員の労働条件が向上し、その活動を引き継いだイ・ヨンスク執行部が組合員の意識を高めるため、さらに目覚しい活動を繰り広げると、会社側はあらゆる妨害に出たのだった。

七月二二日、会社が組合員の抵抗を防ぐため寄宿舎のドアを外から釘打ちしてしまうと、二〇〇人以上の組合員が窓から飛び降りて組合事務所に集まり、座り込み体制に入った。座り込みが拡大する動きがみえると、二三日に支部長とイ・チョンガクは警察に連行されてしまった。

支部長と総務が連行され組合員の怒りは頂点に達した。教育宣伝活動で意識を高め固く団結した組合員たちは支部長と総務の釈放を要求し、全面ストライキに突入した。七月二五日、うだるような蒸し暑さの中、会社側は水道と電気の供給をストップさせた。しかし、その圧力にも動揺することなく八〇〇人以上の組合員が現場にろう城したのだ。ろう城闘争が続くと、ついに警察が襲ってきた。女性たちはすさまじい暴力を前に一瞬ひるんだが、最後の抵抗手段に立ち上がった。彼女たちは服を脱ぎ始めたのだ。彼女たちは戦闘警察［日本の機動隊に相当］の男たちが裸の女性には手を出せず引き下がると判断したのだ。羞恥心も恐怖心も乗り越えた最後の手段だった。しかし、その瞬間女性ひとりに三人の戦闘警察が襲い、ろう城現場はたちまち大混乱となった。警察の乱暴でパンティが裂けブラジャーが引き千切られて、真っ裸になってしまった女性もいた。

「私たちが捕まっている間、組合員が激しく抵抗したという話を聞いて、どんなに胸が締め付けられたことか。私たちは結局、組合員の勇敢な闘いで釈放されたのよ。すぐさま組合事務所に走って行ったわ。事務所前は本当に戦場のようだった。涙が止まらなかった。気持ちを鎮めることもできなかったわ。どんなことがあっても、この組織と仲間たちを守らなければならないと思った」

まるで映し出されたスクリーンのようにその日の出来事が思い出され、目頭が熱くなる。

「そんな時、年末にイ・ヨンスク支部長が結婚して退社するっていうじゃない。こんな状況にどうして自分だけ抜けられるのかと思って、初めは信じられなかった。生死を共にしようと誓い合ったのに。裏切られたと思ってショックだった。もう信じられなくなってしまった。今でも、彼女には会いたくないわね」

一緒に分かち合えば山のような荷物も羽毛のように軽くなる。行進するとき、たなびく旗の旗棹が重くないのは、共に歩く人たちへの信頼があるからだろう。しかし、その信頼も時として崩れるという驚きは、彼女にとって大きな傷となった。

支部長の残りの任期一年をめぐり、イ・チョンガクは支部長候補に推薦された。現場と組合の経験と熱意を考えれば、当然のことだった。しかし、彼女はもっと有能な人にと固辞した。会社側は七月の「裸示威」のときだけ執行部側についた人物を支部長候補に立ててきた。

「当時は支部長になれば弾圧されるかもしれないし、逮捕も覚悟しなければならない。でも、そんなことはちっとも恐くなかった。でも、私は自分が支部長の器なのかと迷って一旦は辞退したのよ。結局、紆余曲折の末に支部長になったのだけど、それまで会社側の妨害工作は執拗極まりないものだったわ。私だけでなく組合員全員が苛立っていたわね。最終的に私が支部長に選ばれたのだけど、挨拶に立った時は胸が一杯になって、涙で言葉が出てこなかったのよ。みんな私と同じ気持ちだったと思う。初めは泣き出しそうな小さな声で『先駆者』を歌ったけど、最後は力強いかけ声がこだました」

厳しい日々が過ぎて顔の皺も増え、昨日のことを忘れてしまうほど記憶力も落ちてきた彼女だが、当時の苦しさと喜びは岩に刻んだように鮮明によみがえってくる。

一九七七年四月四日、こうしてイ・チョンガクは支部長になった。だが、長い紛糾の末に起きた男性組合員の組合脱退事件は、スタートしたばかりのイ・チョンガク執行部を緊張させた。男性組合員と会社側は組合員に脅迫にも近い脱退勧誘を行ったので、組合脱退者が六七五人も出てしまった。執

1977年4月、労組支部長になったイ・チョンガク

行部を苦境に陥れようとする陰謀だった。しかし、これに屈せず組合員の脱退確認作業を行い、再度全員の再加入により組合執行部の勝利で終結した。

「自分はまだ力不足だと思ったけど、それでも最善を尽くさねばという思いだったから本当にほっとしたわ。その後の団体交渉では『従業員は会社に入社すると同時に労働組合員になる』という文言の後に、『脱退できない』という文言を挿入するよう要求して受け入れられた。その後は、ほぼ正常な業務と活動が行われたわ。以前の支部長の残務任期だったので、新しい計画を進めるより組織を立て直すことに力を入れた。特に重要なことは組合員教育だとしたの。一年で四三回にわたって『労働組合の目的と方向』の教育を実施したのよ。八〇〇人以上の組合員が参加して大きな成果を上げた」

翌年の一九七八年は三年任期の支部長選挙のある重要な年だった。年が明けると、民主的な労働組合運動を側面から支援してきた「都市産業宣教会」と「カトリック労働青年会」に対する誹謗と攻撃が本格化しはじめた。上部団体の「全国繊維労働組合」〔以下繊維労組〕と会社は、イ・チョンガクが支部長に再任されるのを阻止しようとして、このふたつの団体を不穏組織だとして宣伝しはじめた。まず、「都市産業宣教会」を「アカ」の団体だと誹謗するパンフやビラを作って配布し、組合員同士の分裂を謀った。

選挙の日が近づくにつれ、労働組合は息の詰まるような雰囲気に包まれた。会社側の支部長候補パク・ボンネと男性組合員は、一九七七年の雪辱を晴らそうと様々な手段を講じていた。これまであらゆる圧力や弾圧に屈せず乗り越えてきたイ・チョンガクだったが、いよいよ一歩も退けない決戦の瞬間が近づいていた。

一九七八年二月二一日、早朝六時一〇分前。

「前日、彼らは組合事務所を襲ったのよ。彼らは投票箱を叩き壊すと、私にひどい罵声を浴びせて脅して帰ったので、私たちは警察に秩序維持を要請していたの。それから徹夜で組合役員たちと投票準備の作業を終えて、六時に夜勤明けの人たちが事務所に来るのを待っていた。工場で作業を終えた人たちが投票しようと列を作ってくるのが見えたわ。そのときよ。信じられないことが起きたのは！パク・ボンネや男性組合員五、六人がバケツにウンコを入れて持ってきたのよ。まるで獣よ。彼らは

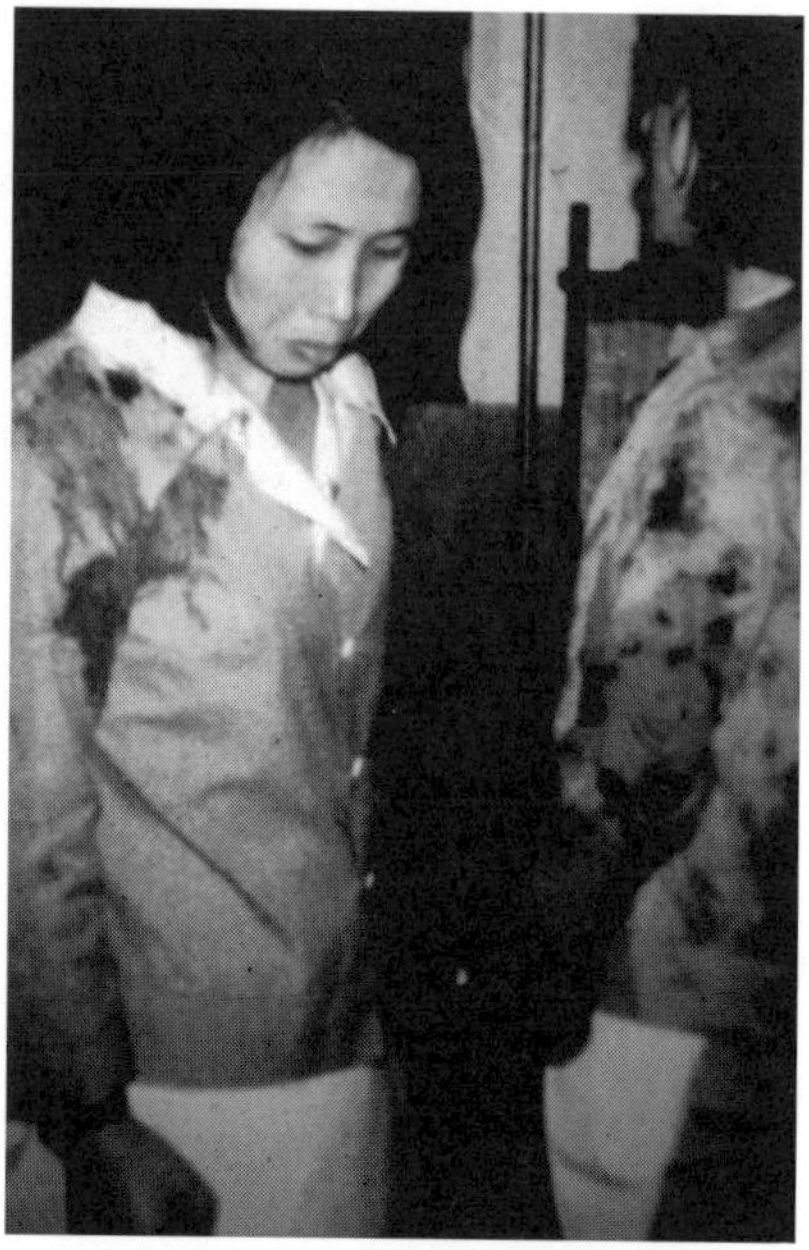

「世の中にこんなことがあるなんて…」

バケツから組合員と役員に向かって撒き散らしたのよ。それだけじゃない。彼らはそれを私たちの口の中に押し込んだり、丸ごと浴びせかけたりしたのよ！　最初これは悪い夢だと思った。どうして人間がそんなことできる？」

二〇年も経ったのに、今でも言葉に詰まる。

「初めはウンコだとわからなかった。臭いにおいが鼻をついたわ。あまりにも突然のことで組合員は逃げ回ったけど、彼らは追い回してウンコを浴びせかけたのよ。人でなしよ。でも、やってきた警察も繊維労組本部から来た人も見ているだけなのよ。それで全身から声をふりしぼって言ったのよ。『何するんだ！　こんなことで私たちが黙るとでも思ってるのか。ちゃんちゃらおかしいよ』。大声出すと繊維労組の組織局長が『おいイ・チョンガク、お前どうやら後ろ盾を信じてるようだが、そうはいかないぞ』と憎まれ口をたたいたのよ。そこで『ああ、神様が後ろ盾にいるんだよ、この野郎！』というと、黙ってしまった」

まるで昨日のことのように、彼女は喉を嗄らし顔を真っ赤にして話した。まったく呆れかえる古今東西あり得ないこの「ウンコ事件・東一紡織労組糞尿事件」は、このように起きたのだった。労組事務所は汚物まみれで、什器類は壊れて転がっていた。法律で保障されているはずの労働者の権利は糞尿を浴びせかけられ踏みにじられた。女性組合員たちは大声で泣き叫んだ。これまでどんなに貧しくても、ウンコを食って生きてきたわけじゃない……。

投票する組合員にだけでなく更衣室にまで入って糞尿を撒き散らした暴力的な男性組合員は、八時過ぎまで騒いでいた。このひどい有様に公権力はただ腕組みをして突っ立っているだけだった。貧し

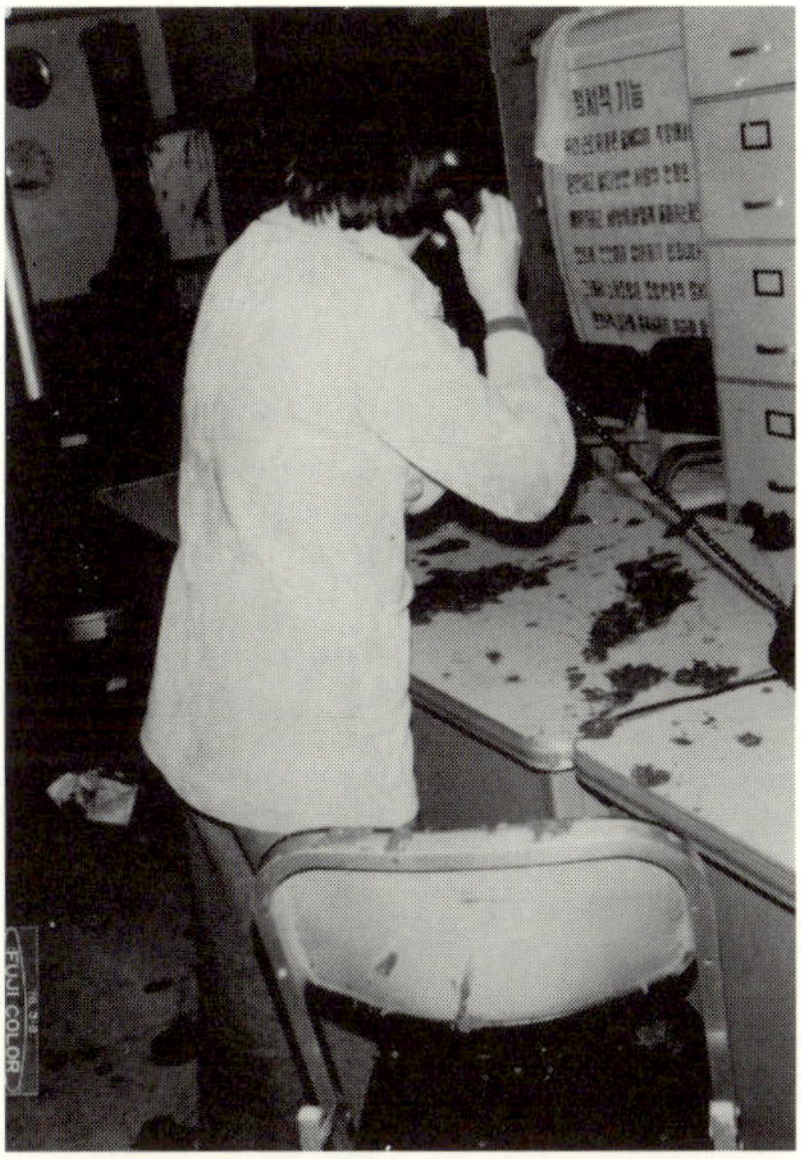
撒き散らされた糞尿で汚された労組事務所

い労組にはこの獣のような状況を証拠に残すカメラすらなかった。ふと我に帰ったイ・チョンガクはやられてばかりいては駄目だと思い、すぐさま近所の写真館に走って行った。彼女は写真館のおじさんに事情を説明し、歴史に残る「東一紡織糞尿事件」の真実を何枚かの写真に写してもらった。

「あとで会社側は、それを知って写真館のおじさんにフィルムを渡せと言ってきたのよ。

でも、そのおじさんは労組に上げてしまったと言って渡さなかったの。どんなにありがたかったか。あの恐ろしく危険な状況で、私たちはそれでも必ず投票を行なわなければならないという一心で、もう一度投票箱を作った。でも、彼らは酒を引っかけて、また襲って来たのよ。組合事務所になだれ込んで来ると、組合員を追い出してしまった。繊維労組本部は完全に権力の側に立ち、私たちを『反労組的』だとして除名したのよ。盗人猛々しいったらありゃしない。そんな時代だった」

しかし、彼女たちにとって労働組合は、単なる経済的利益を保障してくれるだけの組織ではなかった。彼女たちに労働組合は生活そのものであり、決して奪うことのできない希望そのものだった。

会社と同じ穴のムジナである繊維労組本部は、ついに東一紡織支部を問題組織と決めつけ、支部長はじめ主要役員を除名してしまった。組合は会社内で思うように活動出来なくなったが、闘いの場を会社の外に移して、粘り強く闘い続けた。

三月一〇日、奨忠《チャンチュン》体育館では数千人が動員され、首相が参席するなか「労働節」のイベント［当時韓国政府は、一九四五年解放後から行われていた五月一日のメーデーは「不穏行事」だとして、政府肝いりの「韓国労総（韓国労働組合総連盟）」創立日である三月一〇日を労働節として行事を行っていた。詳細は二〇七ページ、第六章末尾訳者注〈1〉を参照。］がラジオとテレビを通じて全国に生中継されていた。十時三〇分頃。韓国労総委員長のチョン・ドンホが記念の挨拶を読み上げているちょうどそのとき、会場にこっそり紛れ込んでいた七六人の組合員が婦人部長チェ・ミョンヒの合図で一斉に立ち上がり大声でスローガンを叫んだ。

「繊維労組委員長キム・ヨンテは辞職せよ！」

「東一紡織労組問題を解決しろ！」

「ウンコを食べて生きていけない！」

すぐさま警察と繊維労相本部の男たちが走って来ると、スローガンを叫んだ女性組合員たちを手当たり次第に殴ったり蹴ったりして床に叩き付けた。生放送だった「労働節」のイベントは放送が二分ずつ三回も中断し、東一紡織の労組問題は電波に乗って世に知られることとなった。

「ちょうどそのとき、私は何人かと一緒に耳を澄ましてラジオを聞いていたのよ。ラジオからスローガンが流れてくると、みんなで大きな歓声を上げたわ。でも、すぐに七六人全員がひどく殴られて連行されたと聞いて、明洞《ミョンドン》聖堂に駆け込んで座り込みろう城に突入したのよ。三日目には私への逮捕状が出たのだけど、神父さんが仲介してくれたおかげで逮捕状は解除されたとのことだった。それで神父さんと一緒に、仁川沓洞《タプトン》聖堂でハンストろう城している組合員に合流しようとしたの。だけど富平《プピョン》インターチェンジに入ると、すぐに武装警察が何人か現れて私を連行した。大声を上げて抵抗したけど何の効き目もないでしょ？　神父さんも激怒したのだけど、銃を突きつけられてどうすることもできなかった。こうして私はまた連れて行かれて、三〇日の拘留生活を送ることになった」

いわゆる糞尿事件と呼ばれた東一紡織闘争は、労働者の粘り強く果敢な抵抗にもかかわらず、四月一日に一二四人の組合員が解雇されて終わったかにみえた。しかし、それは新たな闘いの始まりだった。東一紡織の民主的な労働組合運動はその後、解雇者の解雇撤回、現職復帰の闘いへと一層激しく繰り広げられた。

四月二三日早朝五時、パク・ボンネを支部長とする新しい執行部がスタートしたことを聞いたイ・チョンガクと六五人の女性組合員は、工場にゲリラ的な出勤闘争を敢行した。彼女たちは一二時三〇分出動した警察に無残にも連行されたが、工場にいる組合員の好ましい反応は得られなかった。彼女たちが解雇された後、現場では厳しい弾圧と監視が強まったのだが、それがどれほどのものか推し量ることができた。結局イ・チョンガクは総務のキム・インスクとともに逮捕されてしまった。

「私の逮捕は業務妨害及び暴力に関する法律違反というものだけど、初めから独房に入れられたわ。当時仁川の水事情が悪くて、入浴は一週間に一度だった。看守は服を全部脱いでシャワー室に行けと言ったのよ。シャワーは浴びたかったけど、そんなことはできない。恥ずかしいというより看守の前を丸裸で通るなんて、死ぬより嫌だった。すると、後で強引に引っ張り出して、これで頭を洗えと洗面器二杯分の水をくれるのよ。そんなときに面会があったものだから頭から水をザブンとぶっかけて出て行ったのだけど、本当にここは地獄だと思った。懲罰房に入れられたこともあったけど、窓もなくて日の光がどんなに恋しかったか。そうしているうちに体がぶくぶく膨れて、便器の横にある空気口に顔をくっ付けて空気を吸って何とか生き延びていたのよ。ある日、その穴に詐欺犯で逮捕されていたおばさんが豚肉炒めをさっと入れてくれたの。あれは本当に蜜の味と匂いだったわ。だけど、いっぺんに口に詰め込むのもよくないのに、いざ食べようとすると喉が詰まって食べられなかった。そのひと切れを噛みしめながら、どれほど泣いたことか」

悲しく惨めだった。解雇闘争で流した涙は、その後も幾度となく流れた。独房で泣き、復職闘争しながら泣き……。被害者であるはずの自分が悲惨な状況にあることに憤り、悔しくて泣いた。闘うべき時に闘えず監獄に閉じ込められていることが歯ぎしりするほど悔しかった。しかし、涙は胸に溜まらず喉にこみ上げるほどに、両手の拳は固く握りしめられたのだ。

「裁判が行われている間、組合員が大勢来てくれて本当に勇気付けられたわ。裁判を受ける前に検察庁の留置場にいたのだけど、ある人が私に横柄な口のきき方をしたの。それで『アンタ何を言ってるんだ。私たちは何も悪いことなんかしてないよ。裁判を見てみなよ。この野郎！』と言って大声を上げたの。でも、どうしてあの時、あんなに堂々としていたのか、どこからそんな力が湧いて出てきたのか自分でもわからない。最終陳述する時、判事は出所したらまた労働運動をするのかと聞くのよ。だから私は堂々と、以前よりもっと一生懸命やる、自分の活動に誇りを持っていると言ってやった。その時法廷に来ていた母は、娘があんなことを言って出られなくなったらどうすると気が気でなかったらしいわ。確かに捕縄を付けられて出ていくとき、たったひとつ心配があるとすれば家族のことだったわね。こんなとき、いっそ孤児だったらよかったのにと心の中で思ったものよ。弟と妹にもとてもすまなかった。結婚式にも手配されて逃亡中だったり、拘置所にいたりして結局出られなかったの…。それがいつまでも心残りだった」

弁護士は一審では出られないだろうと心配していたが、幸い「ましな判事」で懲役一〇カ月、執行猶予二年の判決で、九月一二日彼女は出所した。

一〇日ほど過ぎたある日、キリスト教会館の木曜集会で労働組合の糞尿事件が演劇として公演されるのを見て、イ・チョンガクは震える胸を押さえることができなかった。ずっと胸につかえていた怒りが悲しみとなり熱いものが喉を突き上げると、泣き声となって弾けた。それは波紋のように広がり、ついに会場は泣き声で埋まってしまった。すると、プラカードを持っていた組合員は演劇がまだ終わっていないのに、外に飛び出して行った。誰かが『朴正熙はアカだ』と言うと、その声はシュプレヒコールとなり、直ちに座り込み態勢に入った。当時、朴正熙軍事独裁政権の暴力が猛威をふるっているときのことだった。

「すぐに警察が投入された。私はベルトを掴まれて犬のように連行され、ひどい拷問を受けたわ。五〇代半ばの中央情報部員だったけど、目に殺気があって『ここは警察じゃない、朴正熙はアカだと叫んだアマが誰なのか言わなければ生きて出られないぞ』と言った。私は、彼が本当に私を殺すかもしれないと思った。そのときは本当に心から祈ったわ。トイレに行きたいと頼みこんで、トイレにしゃがんで祈った。神様、どうぞ私の口から誰かの名前が出ないように…とね。口を割らないといって、かなりやられたけど、結局嫌疑なしで釈放された。スローガンを叫んだその人は、今は済州島で観光事業をしているのよ。何年か前に偶然出会って、一杯やりながら当時を思い出して大笑いしたわ。考えてみれば、すべてがコメディのようだったわ。人間社会でなぜあんなことが起きるのか、ふざけたことばかりだったので、思い出すと笑ってしまうのよ」

東一紡織労組の解雇撤回・復職闘争は、その後も二年間続いた。時代は流れ、朴正熙が死んで社会全体で民主化の流れが強まった。それまで抑えられていた労働者の要求は、湧き水のように次から次へとあふれ出た。東一紡織の仲間たちも復職に対する期待で胸を膨らませた。しかし、五・一七非常戒厳令の発布が再び厳しい冬を予告する〈4〉なか、東一紡織闘争は小康状態のまま終結に向かった。

「当時は激しい虚脱感に襲われて、それがしばらく続いてとても辛かったわ。こんな状態で無気力に生きるくらいなら、結婚でもしてみようかとも思ったりしたのよ。そんな一九八二年の春、心機一転しようと仁川、朱安洞《チュアンドン》の縫製工場に他人名義で就職したの。そこで嬉々として働いたわ。やっぱり私は工場で働くのが一番楽しいのよ。ところが、ある日警察にバレてしまって私文書偽造で在宅起訴されてしまった。そのせいで会社は大騒ぎになったのよ。さすがの私もガックリしていたら、ユン・スザンナさんからオダニエル神父(アイルランド出身)が労働司牧を探していると聞いたのよ。それで、その年の一一月から労働司牧として四年間本当に楽しく活動したわ」

彼女は活動しているときが一番幸せだ。いかなる状況でも最善を尽くした結果は、彼女にとって一番大切だった。それはまた、彼女に再び活動する新たなエネルギーを与えてくれた。

一九八四年三月一〇日、八〇〇万人労働者の利益を守り民主的な社会の建設を目的として、パン・ヨンソク、パク・スンヒ、イ・ヨンスン、イ・チョンガク、パク・テヨン、チェ・スニョン、キム・ムンス、ユ・ドンウ、ヤン・スンジョなど一五人が集まり、「韓国労働者福祉協議会(以下、労福協)」が結成された。イ・チョンガクは一九八七年、労働司牧の活動をたたんで、パン・ヨンソクに続き労福協の第二代委員長になった。

「一九八〇年代の半ばから学生運動の出身者が次々と労働現場に入り、労働運動の質的変化が始まった。でも葛藤も多くて、思想闘争という名目で机上の空論がはびこっていたのよ。私はこんな中で自分に何が出来るのか悩んだわ。私自身は本来単純な人間だから、政治闘争でも経済闘争でもバラバラになったら駄目だという主義なのよ。所詮、人間は一〇〇パーセント一致することなんて無理じゃない？　お互い少しずつ歩み寄っていけば済むことだと思ったのよ。でも、タバコの煙が煙突のようにもうもうと立ち込める中で、夜通し難しい話をしているんだけど、私には一体何の話なのかさっぱりわからなかった。それで、ここは自分がいる所ではない、私は現場にいてこそ幸せだと結論を出して、一九八九年から再度現場に戻ったの」

一方で彼女は不安だった。いつも自分にレッテルのように貼りついていた「東一紡織労組支部長」という肩書き。いつまでもその肩書きにすがって、生きていくわけにはいかなかった。東一紡織ではない他の現場でも、自分が労働者として生きていけるのか自ら試してみたかった。

「約七年間工場の現場から離れて実際に仕事を始めてみると、本当に気が楽になったわ。つくづく働くのはいいものだと思った。縫製工場で働いたり、釣竿を作る工場にも勤めたりしたわ。でも、悩みもあった。私は労働運動をする人間であって、何も考えずただ仕事だけしていればいいわけじゃない。とはいっても、何かやり始めるには条件も合わないし、他人の名前で就職していたので、どうも気まずくて落ち着かなかった。日増しに悩みも深くなった」

いつの間にか彼女も四〇代後半になっていた。もはや自分の条件にかなわないのに、未練がましく運動にぶら下がっているのではないかと危惧さえ覚えた。とても困難なことでも、一方で自分が慣れ親しんだことだけに、それを捨てられずにいるだけかもしれないとも考えた。悩んだ末に東一紡織の仲間の意見を聞き、新しい活動を模索し始めた。

こうして一九九一年、「青松の家」をオープンした。彼女の経験と活動経歴をベースにして、地域住民の中で希望を育んでいこうという思いからだった。

「初めは子どもたちの塾のようなものから始めたのよ。場所の確保も周りの手助けがあったし、ボランティアも多かったのでできたようなものよ。二〇〇一年には一〇周年記念イベントをやって、本当に感慨深かった。地域で無料診療や法律相談、図書の貸し出し、労働講座、リサイクルバザーなど。いろいろ大変だったけど、希望を捨てたことは一度もなかったわね」

活動が彼女を裏切ったことはなかった。お金はいつも足りなかったが、無ければ無いでそれほど心配しなかった。切実な必要性から始めたことには、いつも奇跡的にカンパが集まったからだ。彼女は今でも原則から外れなければ、不可能なことはないと信じている。八年前は仁川で活動している労働運動の四、五団体を統合して「仁川労働研究院」を立ち上げ、代表となった。彼女は自分が必要とされるなら、どんな形でも役立てる方法を探し出す。朝鮮半島の統一問題では、彼女自らが活動を掘り

現在も地域の自立支援センターで活動

起こして取り組んでいる。彼女は「六・一五南北共同宣言」の四周年記念行事「わが民族大会」に、南側代表として参加した。それは彼女の統一への思いがあるからに他ならない。労働者も朝鮮半島の統一問題に共に関わるべきだと思っているが、それにもまして北にいる二番目の姉に対する思いが強いからかもしれない。統一はそれほど遠いことではないはずだ。南北の人々が集い、同じテーブルで食事をして酒を酌み交わすなど、これまで想像できなかった様々なことが実現している。一日も早く統一が実現し、すっかり元気のなくなった母親が夢にまで見た二番目の姉と抱きあうときの明るい笑顔が見たい。

「絶対結婚しないとは思わなかったけど、必ずしなければならないとも思わなかったからか、ひとりで五〇代半ばも過ぎてしまった。実際恋愛する時間もなかったわ。もう少し歳を取ったら寂しいと感じるかな？　でも、私は死ぬまで夫がいないから孤独だと思うようなことはないと思うわ。むしろ私は最近の若い人がとても利己的になっているのを見ると辛いわね。一緒に行動しなければならないことがあっても、自分のことだけ考える人がいるのよね」

一生をひたむきに生きてきた。「青松の家」は二〇〇一年六月、政府の保健福祉省から仁川市南洞区の自立支援センターとして指定され、彼女はそこの館長だ。地域住民や労働者と共に過ごして、もう一〇年以上経ってしまった。毎日数十人の人に会い、何ものにも代えがたい人の大切さを強く感じている。この歳でも活動できるということは、どんなに幸せなことか。ひと月が一週間のように過ぎていく。自分の存在を忘れるほど忙しいときは、ふらっと山登りに行く。与えられた活動に満足し最善を尽くして生きて、少しは世間のことから離れることができるなら、田舎で野菜畑を耕し、黄土色の犬を飼うような暮らしもしてみたい。

「五年ほど前から七〇年代に労働運動をしていた人たちで『七〇民主労働運動同志会』というのを作って、ひと月に一回くらい集まっているのよ。東一紡織、ＹＨ貿易、コントロールデータ、高麗《コリョ》皮革、元豊《ウォンプン》毛紡、サンウォン繊維、清渓《チョンゲ》被服、韓一《ハニル》トルコなど、当時の民主労組委員長の集まりよ。みんなあの困難な時代を共有しているせいか、お互い情に厚く、支え合っているのよ。考えてみれば東一紡織労組〈5〉の闘いで得たことは多いわね。初めはどうして自分がこんな目に遭うのかと嘆いたりしたこともあったけど、今考えると、こうして生きてきたことがどんなに幸せなことだったか。失ったものより得たものの方が多かったわね。貧しさのために正式な教育は受けられなかったけど、労働組合を通じて本当に学ぶべきことは学んだから思い残すことはない。私には足りないことも多いし特に優れたところもないけど、互いに助け合い、また自分も助けられた。一方で私の助けを必要としている人も大勢いるかもしれない。疎外され苦労している人たちも自分で発言し、生きていける世の中になればいいわね。だから、私の人生の結論は、やっぱり労働運動家イ・チョンガクとして生きてきたいということね」

【訳者注】

〈1〉ＪＯＣ（Jeunesse Ouvriè re Chrè tienne）カトリック労働青年会

ベルギーのカルデン神父が組織、一九二四年からＪＯＣと改称し、世界的組織に発展。韓国では一九五八年ソウル大の看護師によって開始され、五八年にカルデン神父訪韓で拡大。当初は伝道活動のみだったが、次第に社会活動を開始するも事務系労働者による奉仕活動にとどまっていた。一九六〇年末頃から工場労働者が多くなり、ＪＯＣ会員の中で労働条件改善の努力が見られはじめ、特に大同毛紡のＪＯＣ会員中心で労組の結成、東一紡織での意識的な労組活動などは韓国労働運動の過渡期で大きな役割を果たした。

〈2〉全泰壱（チョン・テイル）

一九八四年大邱《テグ》で出生、後にソウルに上京。靴磨き、新聞売り、台車の後押し、タバコのすいがら拾いなど極貧生活のなか、一六歳でソウルの零細な縫製工場の密集している清渓《チョンゲ》地区の「平和市場」で、ミシン工や裁断工として働く。そこには薄暗く狭い仕事場で働く地方から出てきた一〇代の下働きの女子労働者たちがいた。彼女たちは埃まみれでトイレにも自由に行けず、繁忙期には覚醒剤を飲みながら連日徹夜で働かされ、血を吐き倒れていった。彼はこの窮状に心を痛め、仲間と一緒に換気扇の設置や健康診断の実施など労働条件の改善を官公庁に訴えるが、無視されつづけ、ついに一九七〇年一一月一三日、最後の抵抗手段として焼身抗議を遂げた。「勤労基準法を守れ！」「私たちは機械ではない！　日曜日は休ませろ！」「僕の死を無駄にするな！」と、炎の中の彼の叫びと決死の闘いは多くの人たちに衝撃を与え、韓国労働運動で民主的な労組結成の出発点となった。当時二二歳だった。

〈3〉都市産業宣教会

一九五七年、大韓イエス教長老会伝道部が「産業伝道委員会」の名称で、工場労働者への布教活動を始めたのに端を発する。続いて大韓監理教会メソジスト派（一九六一）、聖公会（一九六一）、キリスト教長老会（一九六三）、救世軍（一九六五）も開始、初期には教会の伝道活動に過ぎなかった。スタート時の伝道活動は、社長に送り込まれた伝道師の話に労働者が耳を傾けずに失敗し、徐々に実際の労働を通じてのみ布教活動を行えると考えられるようになった。この章に登場する監理教会メソジスト紙の趙和順牧師は実際の労働体験を通じ、労働者の苦しみに接して、宣教活動と労働者の要求がかけ離れていたことに気づく。一九六八年からは都市産業宣教（Urban Industrial Mission）と定義づけ、労働法や労働組合など労働運動に重点を置き、労働者の権利擁護を活動の中心に据えた。中でもキリスト教長老会と大韓監理教会（メソジスト派）が連合して構成した「永登浦《ヨンドゥンポ》産業宣教会」は中心的役割を果たし、ＪＯＣとも積極的に協力した。

全泰壱の焼身抗議で大きな刺激を受けた産業宣教会の活動は、次第に労働者中心の活動へと変化し、一九七〇年代後半からは民主的な労働組合の後ろ盾になっているとして誹謗中傷され続け、八二年コントロールデータ、元豊毛紡労組の闘いを契機に「企業の敵」「不穏な思想をもったアカ集団」として徹底的に弾圧された。韓国労働運動の歴史で、民主的な労働運動の萌芽期に大きな役割を果たしたといえよう。

〈4〉五・一七非常戒厳令と「光州民衆抗争」

一九七九年、軍事独裁政権反対の民主化闘争が高まるなか、一〇月二六日に朴正熙大統領が部下の中央情報部（KCIA）長官によって射殺される事件が起きると、一二月一二日当時保安司令官だった全斗煥《チョン・ドゥファン》は、陸軍本部と国防部を襲撃、国防長官を拘束して韓国全軍を掌握する「粛軍クーデター」を敢行。八〇年四月一四日には中央情報部（KCIA）長を兼任し、民主化の「八〇年の春」は凍りついてしまった。

これに抗議する労働者と学生の民主化要求デモは激しさを増し、五月一六日には高校生や一般市民も合流して、ソウルで五万人が集まった。この状況に驚愕した全斗煥「新軍部」は五月一七日に臨時国務会議で非常戒厳令を発布し、国会を強制解散、すべての政治活動を禁止、大学を封鎖するとともに金大中《キム・テジュン》ら民主化運動活動家を逮捕した。

五月一八日、韓国南部の都市光州市《クァンジュ》にも戒厳軍が学生たちに無差別の弾圧が加えられ、これに怒り立ち上がった労働者、学生、市民の数は五月二〇日には一〇万人を越え、ついに戒厳軍を追い出して民衆による自治コミューンとしての秩序が形成された。光州市民は戒厳軍の銃撃に対処するため銃やダイナマイトを確保、武装した「市民軍」が登場。五月二七日未明、戒厳軍が光州に突入、徹底的な殺人的弾圧を加え光州市中心部にある全羅南道・道庁前は血に染まり、民衆の闘いは鎮圧され、全斗煥軍部による「厳しい冬」が続く。「光州騒乱」「光州事件」と呼ばれた民主化を求める韓国民衆の闘いは、現在「光州民衆抗争」と位置づけられているが、その闘いはその背後にあった米国の存在を問い直すものへと発展していった。

〈5〉東一紡織労組

これまでの日韓連帯運動の中で「東一紡織労組」の闘いはたびたび「東一紡績闘争」として紹介されその呼び方に馴染んだ方も多いと思うが、本書では原文にしたがって「紡織」に統一したことをお断りする。

〔翻訳〕大畑正姫

第二章　あのときの怒りと勇気が私のすべて

ユン・ヘリョン（尹惠蓮）略歴

一九六一年　九月九日、ソウル市九老区《クロ》新吉洞《シンギルドン》に生まれ、大方《テバン》小学校を卒業

一九七四年　サムギョン服装に見習いとして入り、産業体特別学校を卒業

一九八三年　カリボン電子に入社

一九八五年　九老《クロ》ストライキに労組事務局長として参加し、解雇された後、闘争中に逮捕される。執行猶予を受け、四カ月ぶりに出所

一九九五年　韓服を作る「共同体漢白《ハンペク》」代表

二〇〇一年　ソウル女性労働者会で働きはじめる

現　　在　ソウル女性労働者会会長／九老生活自立支援センター館長／韓国自立支援センター協会ソウル支部支部長。

その日は、朝から雲が低く垂れ込めていて、日没前から横殴りの雪が降りはじめた。靴下を一組でも多く売ろうという思いで風呂敷包みをしまえずにいた。霰《あられ》はすぐに大粒になり、陳列台の上に積もりはじめた。同じように少し離れたところで上履きを売っていた弟は、泣きべそをかいて私を呼んだ。もう風呂敷をたたまないと、品物が濡れて使えなくなるところだった。ひどく寒くて商売にならないのは確かだったが、片付けながらも気は重かった。私より二歳年下の弟は、それでも家に帰るのが嬉しいのか凍えた小さな手でひとつひとつ風呂敷にしまった。ひょっとしたら父親ではないかと、自転車が通り過ぎるたびに覗き込む弟の瞳には切なさが感じられたが、連れて帰る時間には少し早かった。

雪はだんだんひどくなり、なかなかやみそうになかった。家に向かうバスは、その日に限っていくら待っても来なかった。とりあえず家に近い龍山《ヨンサン》行きのバスに乗った。たちまち雪は大雪に変わり、そこでも待つバスはなかなか来なかった。頭の上に乗せている風呂敷の上にも雪は積もり、まるで岩にでもなったように辛かったが、倒れることはできても荷物を捨てることはできなかった。雪に凍えて真っ青な顔をしていた弟はしくしく泣きはじめた。なんとか言葉をかけてなだめようとしたが、寒さのせいで声が震え、自分でもその言葉を聞き分けられなかった。弱音を吐いたら駄目だとの思いから歯を食いしばったが、涙が滲んで視界がかすんだ。

そのとき私たちを不憫そうに見ていた女子大生が、自分がお金をあげるからタクシーで帰ったらと言い難そうに声をかけてくれた。大丈夫だと言って遠慮したが、私を必死に説得しようとする彼女と言い争っているうちに、奇跡のようにバスがやってきた。まるでシンデレラのカボチャの馬車かと思えるような夢のような瞬間だった。その女子大生の温かい気持ちは、感謝してあまりある彼女の言葉とともに一生忘れられず、その日の言い争いは私の心にしっかりと刻まれた。そのとき私はやっと小学校五年生だったが、私が露店の商いで稼いだお金は私たち七人家族の唯一の食扶持だった。

父が朝鮮戦争中にパルチザンだったことは、私がかなり大きくなって知ったことだった。黄海道甕津《ファンヘドオンジン》が故郷だった父は、結婚三カ月後にひとりで三八度線の北側に金を稼ぎに行かなければならなかったようだ。その当時の三八度線は越えて往来できたが、いくらもしないうちに道は閉ざされ、人民軍になるしかなかったという。そして、負傷兵として全州《チョンジュ》イエス病院にいる間に、仁川《インチョン》上陸作戦［朝鮮戦争時に行われた米軍の上陸作戦、これを機に米国などの国連軍が有利な戦局となり、分断されて取り残された南側の人民軍はパルチザン闘争を余儀なくされた］が敢行され、そのまま南側に取り残されてしまった。同じ境遇の人民軍とともに徳裕山《トギュサン》に登り、不本意にもパルチザンとして死ぬほどの苦労をしているうちに三年が過ぎ去った。ひもじさの中で獣のような山暮らしをしていたある日、父は韓国軍に捕まり、五年間の監獄生活を終えて出てくると、妻と弟たちが南側に来ていた。一六年ぶりに会った夫婦はこうして南側での新しい生活を始めることになった。

私は一九六一年に二歳違いの姉の下に生まれ、育ったのはソウル特別市永登浦《ヨンドンポ》区新吉洞《シンギルドン》だった。体が弱くおとなしかった姉のせいで、かまってもらえない私は、鼻水を垂らし、もじゃもじゃ頭で遊ぶことだけが好きなお転婆娘だった。ある日、小川で遊んでいて靴をなくして叱られた記憶が今でも生き生きと思い出されるのは、子どもながらも苦しい家計に金のかかることをしでかした、と自分でも申し訳ない気持ちがあったからだ。

アカなら天罰のように取締りを受ける時代、父に貼られたパルチザンの経歴は、妻子を育てるには大きな障害だった。印刷技術の職場に就職するたびに刑事が立ち回り、長くいられなかった。結局、すべてを諦めて靴、金属食器、靴下の販売をしていたが、それもうまくいかなかった。商売をたたんで余った品物を処分しようとあちこちに露店を出していた。ある日、なんとなく私が父の商売について行ったのは、おやつや美味しい昼ご飯が食べられるからでもあった。

私はその頃小学校四年生だったが、かなり大人っぽく、父に負けないぐらいの物売りの要領よさを見せると、いつの頃からか、父は知らないうちに露店からいなくなり、日が沈む頃に現れたりするようになった。学校が長期休暇に入ると、一日中靴下を売らなければならず、暑い日は暑いなりに寒い日は寒いなりに苦労があり、そんな日々は幼い小学生にとって楽なことではなかった。しかし、そうしているうちに慣れてきて、お金を稼ぐ楽しさを感じるようになった。そして何よりも、私が稼いだお金で家族が食べられ、姉の中学校の学費のための借金を返すことができると思うと、たくさん売れた日は嬉しかった。両親は幼いのに苦労させると気の毒に思い、私も友達に見つかるのではないか戦々恐々としていた。ただ母も姉も可哀そうで私が少しでも助けになればという思いだけだった。

今でも道で露店商を見かけるたびに、黙って通り過ぎることができない。風が吹けば吹いたなりに、日が照りつければ照りつけるなりに露店の店番は大変なもので、骨の折れる仕事であることをよく知っているからだ。それで、小学校を卒業して工場に入るときには、もう屋根のないところで働かなくてもいいというだけで嬉しく幸せだった。

私が中学に上がることは、家の事情からは考えられないことであり、自然に進学を諦めた。そして、町内のお姉さんの紹介で、サムギョン服装という規模が千人余りの縫製会社に入った。そのときが一九七四年二月二四日、一二歳になった年だった。歳を二歳上にごまかして入った工場では、私のように入ってきた同僚がほとんどで、地方からの上京が多くて寄宿舎生活をしていた。

最初に与えられた仕事は、糸くずを取る完成班という仕事だった。露店の商売をするよりもずっといい仕事だったが、もともとそそっかしい性格で不良品を出すのがしょっちゅうだった。いつ叱られるかとビクビクだったが、小さなミスで高い服を切ってしまって頬を打たれたこともあった。穴があったら入りたいほどに恥ずかしく、自尊心を大いに傷つけられた。その当時はとても些細なことでも、叩かれたり口汚く怒鳴られたりすることが日常茶飯事で、ただ言われた通りにする以外にはなかった。徹夜すればもらえるひと月六〇〇〇ウォンというお金は、私と家族には何よりも大切なものだった。

今考えてみても、私は早く大人になったのではないかと思う。徹夜や夜勤をご飯でも食べるようにやりながら、ただ両親に少しでも多くのお金を渡したいという思いだけで辛いとも思わなかった。そして、昼ご飯を食べずに貯めた食券をお金に換え、母の借金の返済に充てるようにし、夜食に出るパンも食べずに弟に持ち帰った。

私が心からありがたく思うのは、苦労の多い歳月を生きてきながらも、悪いことよりいいことのほ

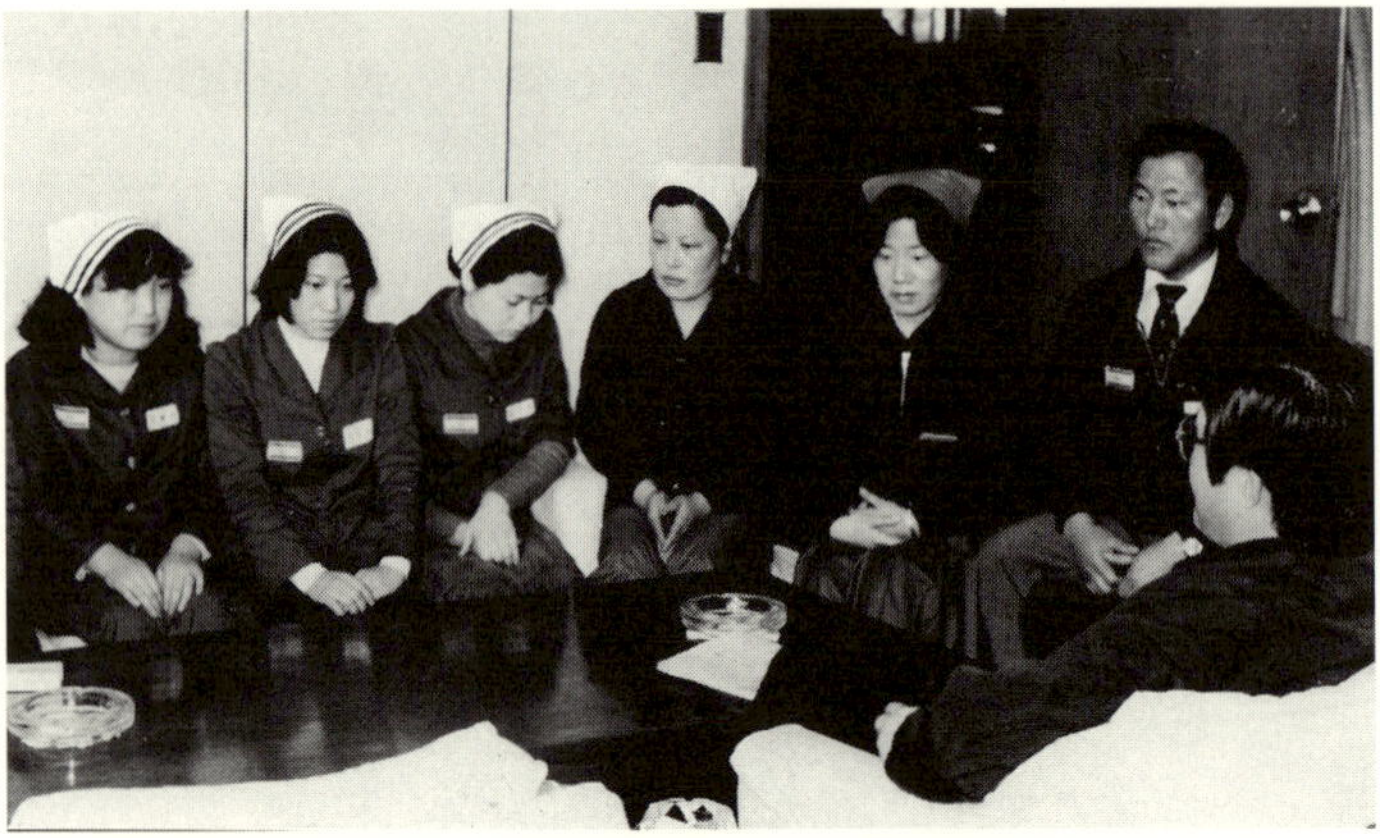

仕事熱心で褒められることも多かったが、工場での仕事は辛いだけではなかった

うをたくさん記憶していることだ。人は苦労しただろうというけれど、私は自分に与えられた境遇を楽しく当然のこととして受け止めたようだ。幼い歳で徹夜をし、辛く恨めしく思うことがなかったわけではなかったが、おおむね楽しい工場生活が送れたのもこうした性格のおかげだっただろう。また、仕事熱心で、作業アイデアを提案して採用され、仕事を一生懸命すると褒められることも多かったので、工場での仕事は辛いだけではなかった。ただ、学生服を着て学校に通う友達を見ると、羨ましさで胸が塞がる思いもした。一緒に働く友達もそんな同じ思いで、なかにはまるで学生か事務員のように嘘を言って勤めに来ている者もあった。

しかし勉強も読書も、楽しいという思いがあってこそできることだった。家庭の事情で中学進学ができなかったが、何よりも勉強への未練がなかった。そんな私に年上のキョンジャ（仮名）さんは新鮮な刺激になった。私と同じ工場で働きながら、後に組長になったキョンジャさんは真面目で読書好きの人だった。置かれた状況は私とそんなに変わらなかったのに、一生懸命に学ぼうとし、その努力する姿が私には大きな刺激となった。いつも私の面倒を見てくれる優しい人だったので、内心いつも頼りにしていた先輩だった。今でもときおり色褪せた写真を出してみるように、その先輩を思い出すととても嬉しくなる、そんな会ってみたい人だ。

私が入社して一年後、中学校を卒業した姉が電子会社に就職して家庭の経済状態がほんの少し良くなると、両親は私に中学に入る機会を与えてくれた。しかし、まずは弟が中学校に入らなければならないので、私は再び諦めてしまった。このように勉強への夢だけを膨らませていたが、ついに私にもチャンスが訪れた。朴正熙《パク・チョンヒ》軍事政権にたったひとつだけ感謝すべきことは、その時代に産業体特別学校という制度を作ったことだ。入社三年の経歴と仕事に対する審査などを経て、大勢の志願者から何人にもならない中学生として私が選ばれた。

八時間働いてからやっと行ける学校ではあったが、産業体特別学生としての生活は私の生活の転機となった。勉強をすることがそんなに物珍しく面白いとは知らなかった。新しい人々に会い、会社以外のことを話しあえる人間関係をむすぶこと、それがまた私をより成長させてくれるようだった。もちろん、学校に通う間でも仕事が忙しければ、授業が終わってから再び会社に戻って働かなければならない状況は続いたが、一二〜一四時間ずっと働かなくてもいいということだけでも幸せだった。

希望というのはこんなことだった。一生懸命働いて稼いだお金が家族が仲睦まじく暮らせる生活費の足しになり、いまは中学生になり、高校に行く夢を持つことができたこと。睡眠時間を削って勉強しようと居眠りして椅子から落ちるという恥ずかしい目にあっても、その暮らしはそんな私に投げかけられた微笑のようなものだった。

一九七九年、中学三年の課程に入るころ、会社に労働組合結成の動きがあった。それまでは労組はアカがするものだと思っていたので、そんなことは私の関心事ではなかった。ある日、技師に呼ばれた。びくっとした。私の仕事が機械を扱うことだったので、私がまたミスをして何か故障でもしたのかと心配になり、びくびくしながら技師のところに行った。ところが、技師は意外にも職場への不満はないかとあれこれ問い質した。

「何か騙されていると思わないか」

「そんな気もするけど、何が騙されているのかよくわからない。けど、何が不当だというの？」

「何か不当なような気がするんだけど……」

「給料も決められた日に出ないことも多いし、ボーナスも会社の都合だけでくれるでしょ……」

「働くのが辛くないか。夜勤が多すぎやしないか」

「夜勤は仕事が多いんだからどうしようもないわ。しかたないんじゃない」

「労働法を見るとね、夜勤をしたくなければしなくてもいいことになっているんだ。ところが、うちの会社は、それを無理強いし、我々は当然だと受け止めているじゃないか。しかし、法律はそうではない。ボーナスも決められたものを出さなきゃ駄目なんだよ。出したければ出し、出したくなければ出さないというのは間違いだよ」

ああ、法というのがあるのか……。賃金遅配も、ボーナスも法ですべて解決してくれるとは、現場での暴力も禁止されているとは、ビックリすることばかりだった。労働組合があれば、労働者が団結して労働者の権利を取り戻せるのだ。技師は周りの組合のある会社の例を挙げ、姉が勤めている会社について話した。その日家に帰って姉と労働組合の話で夜を明かした。そして、姉の会社の話を聞きながら、技師の話が嘘ではないことがはっきりとわかった。管理者たちが労働者に尊称を使い、食事の時間も地位に関係なく列を作り、夜勤も希望すればしなくてもいいなどの話がとても羨ましかった。それらが、労働組合があって可能なことなら、先頭に立ってでも作らなければ……。

その当時組長だったキョンジャさんもやはり組合に加入していたので、私は悩むことなく加入申請書に署名した。翌日、労組結成報告大会があったが、人は多くないものの、たいていの技師や組長、それに工場の各ラインで影響力のある人が中心になって作られたことがわかった。ことによると、それが労組結成を成功裏に達成できた理由ではないかと思う。

私が労働運動を始めるのにキョンジャさんの役割は大きかった。幼いときはとてもおとなしく気弱で、いつもお転婆のように遊び回っていた私とは全く違う人間のように感じられる先輩だった。ところが、中学校を卒業して入った会社に労働組合があり、先輩は労組活動を熱心にやりながら闘士になっていった。今の会社にも労組ができると、先輩とよく話をした。私はこれまで何も知らずに生き、何を奪われて暮らしてきたのか、これから何を求めていくのかについてよく考えるようになった。そうしているうちに、偶然に会社内で秘密裏に進められた小さな集まりに参加し、労働組合が何であり、賃金とは何かなどについて勉強する機会を得た。私はこうして「運動圏」の道に入った。

私と姉が一緒に稼ぎ、家庭の経済状態は少しずつ良くなっているようだった。一九八〇年に中学を無事に卒業した私は、一般高校に進学する夢を膨らませていた。しかし、貧乏の根は思いのほか深いところまで伸びていて、決して抜くことができない状態で相変わらず私を苦しめていた。再び諦めざるをえなかった。一般高校でなければ行く気はなく、もう勉強への未練を持ってはならないと考えていたのだが、父が放送通信高等学校の願書を持ってきた。

ほかの人のようにきちんと制服を着て、毎朝友達とたわいの無いおしゃべりをしながら校門を入る平凡な学校生活ではなかったが、放送通信高等学校は私にとってまた違った楽しさを与えてくれた。日曜ごとに学校に行かなければならなかったので、会社の同僚や友達と遊びに行くことからは抜けなければならなかった。そして、放送での授業は、仕事が終わってやっと聴くことができたので、夜勤のときには早朝五時に起きて聞かなければならない場合も多く、何よりも眠い目をこすって勉強することは大変だった。しかし、勉強が面白くなり一生懸命だった。国語の時間に出された作文の宿題が選ばれ、放送の授業時間に読まれたことも一度あった。内容は父親のことで、幼い頃に酒を飲んでは、私が寝ているのを知りつつ困らせようと撫でさすりながら笑ったという話だった。放送されている間、一緒に聞いていた父はついに涙を抑えきれず、最後まで聞かないうちに外に出てしまった。チマチョゴリの民族衣装を着て家族とともに出席した卒業式は、大変だったがやりきったという充実感で皆への感謝を込めたプレゼントになった。

労組が結成されると、現場では大鉈が振り下ろされた。リーダーたちは情報部［韓国政府の情報機関］に引っ張られてひどい目に遭わされ、二人が学生出身を偽っていたことが発覚して解雇された。そして、組長と班長をはじめとしたリーダー格の人々が、呼び出されては辞表を書かされることが続いた。労組は、次第に会社にそそのかされた人々で埋まり、御用組合になっていった。

そんななか私は、仕事ができる人間として認められて班長になった。私が組合員であることを知らないわけではなかったろうが、もともと一生懸命働くほうだったので、無視することができなかったのだろう。その頃、姉が勤めていたナムファ電子の労組委員長であるイ・ポンウさんに会って会社のことについていたくさんの話をした。そして、御用組合を民主的な労組に変えなければならないということで意見が一致し、小さな集まりを作った。私は会社だけでなく同僚からも信頼されていたので、集まりの提案を拒む人はいなかった。しかし、仕事に身の入らない私のせいで職場はギクシャクしたものになっていた。

その当時の私は、世の中は一生懸命やればなんとかなると考えていたので、裏切られた感じで小さな間違いでも目につくと許すことができずにあちこちぶつかっていた。御用労組に対する止まることのない問題提起は会社の耳に入り、結局私への監視となったのだが、私は班長であるにもかかわらず不当な徹夜と夜勤はやらせられないと言って抵抗した。そんなある日、私たちのラインの仕事はすべて終わったのに、他のラインにまで行って徹夜しろという命令が出されたので、皆で拒否して帰ってしまったことがあった。そのことで社長は、私を呼び出して手を挙げて殴りかからんばかりに酷く叱りとばした。とても悔しかった。自分に与えられた仕事は最善を尽くして一生懸命やってきたし、正当な権利を主張しているだけなのに、人格的な冒涜までして私を非難するとは……。悔しくもあり、腹が立って自分自身を抑えることができなかった。家に帰って一日中泣いた。そして、翌日に辞表を出した。皆がそんなことをすれば誰の利益になるのかと言って思いとどまらせようとしたが、私はこれ以上こんな会社で働きたくないという考えだけだった。民主労組を作るための集まりが始まったばかりの状況であり、八年間も精一杯働いてきた会社だったのに、私の大人げない決断によってすべてのことが水の泡になってしまった。

世間のことが少しずつわかってきて、胸には熱い正義感のようなものが膨らんできたが、これらをより確かなものにしながら前進するためには、より多くの授業料を払わなければならなかった。一九八一年七月にナムファ電子がなくなると、イ・ポンウ委員長とチョ・ブンスン副委員長が一緒にヒョソン物産に入ることを私に提案してきた。見境もなく退職して悩んでいたときだったので、早く働かなければという思いから行動をともにすることにした。しかし、すでにブラック・リストに載っていた彼女たちは、まもなく解雇されてしまった。まあ当然なことだったかも知れない。すでに身元が知られている人間と行動をともにしているのだから、私が最初から会社の監視下に置かれたのも当然なことだった。またも失敗だった。

人と会うこともままならなかった。それだけではなく他の工場の人を集めでもすれば、私がアカだと決まって言いふらすものだから、皆が私を避けるほどだった。それでも、簡単にやられている私ではなかった。そうなればなるほど、できる範囲で最善を尽くさなければと固く決心した。サムギョン服装時代からあった小さな集まりも続いていたし、ヒョソンで新たに会った人々と集まりをつくり、勉強も怠らなかった。こうして一年八カ月が過ぎた。

一九八三年一一月、友達の紹介でカリボン電子（半導体生産会社）に入るときには、労働運動をしようという思いがなくなるほどのスランプに落ち込んでいた。私のせいで行動をともにする人まで用心深くしなければならず、そのように監視されながら耐えなければならないのは無意味だと言ってヒョソン物産をやめたばかりのころだった。そして、すぐに他の会社に入ろうとしたが、年齢のせいで就職できなかった。二三歳という年齢は労働現場では高齢ということだった。

こうしてふた月が過ぎても就職ができず、家族の手前ブラブラしているのも辛かった。一緒に集まりをしていた友達のほとんどがばらばらになっていき、急に生きる目標をなくしたみたいで、生きていたくないと思った。そのとき、初めてこう考えた。「運動をしなければ何をして生きていくというのか」。私は、運動も、生きていくことにも自信のない状態になっていた。そんな状況でやっと入ったカリボン電子は、私にとっては運動ではなく食扶持を賄うありがたい職場だった。

そのような生計の維持もままならないなかで、いわば職種転換をしたのだった。放送通信高等学校の卒業証書を持って初めて入った電子会社は、それまで私が勤めていた縫製会社と比べものにならないほど夢のようなところだった。七時間半勤務、四〇〇パーセントのボーナスにいろいろな手当、きれいな現場、そしてトイレに紙があるのも初めてのことだった。よく考えてみれば、私たちの血と汗の涙ぐましい労働の対価としては当然なことだったが、そのときはただ驚くばかりだった。

しかし、禿山洞《トクサンドン》に本社をおき、加里峯《カリボン》工場と九老《クロ》工場を持っているカリボン電子の労働条件は、系列会社であるロムコリアの労働組合が闘い取ったものが多かった。それで、ロムコリアがくしゃみをすれば、カリボン電子は風邪を引くという状況だった。少しずつ会社についてわかってくると、はじめて入ったときの夢心地は長続きしなかった。

一九八四年のある日、管理者が労働者を殴る事件が発生した。会社は、現場の雰囲気を急激に締めつけていった。生産を伸ばすよう発破をかけるなど、機先を制する感じが強まった。考えてみれば、ロムコリア労組が順法闘争の最中だった。すぐに早朝出勤と残業が強行され、ロムコリアで消化しなければならない仕事がそのまま私たちの方に回ってきた。これは、ロムコリア労組にとっても不利なことだった。順法闘争で調整しなければならない仕事が、会社側にとっては何の支障もなくカリボン電子で消化されるからだ。当時のカリボン電子の労働者たちは、すさまじい生産の催促とひどい労働強化に追われなければならない状況だった。こんな状態が続けば、労組の力は弱まり、これは労働条件の悪化につながって会社のイメージにもよくないことだった。

私ができることと私がしなければならないこととが、避けがたい岩のように迫って来た。労組がなければならないという結論を下し、動きはじめるまでに時間はかからなかった。志を同じくする友人たちに用心深く話をしながら、『労働の歴史』などの必読本を配った。ところが、すでに労組の必要性を痛感し、集まりを作っている人たちがいた。これ以上先延ばしする理由はなかった。そして、ロムコリア労組の積極的支援のもとで事態は順調に進んだ。そのころを思い出すと、私には微笑を誘う一人の男性が同時に思い出される。彼は、私がサムギョン服装にいるときから小さな集まりを一緒にやっていた唯一の男性の同僚だった。他の女性の友人同様に勉強を一緒にし、労働者としての誇りをともに育てていた仲間だった彼が、ある日急に男として感じられた。私が労組を作らなければと東奔西走しながら飛び回っていたころ、私に寄せてくれた彼の思いやりを感じてからだった。冗談のように「付き合っている人」という言葉を投げつけては、互いに赤くなって大声で笑いとばしたが、少しずつ愛という感情が芽生えはじめた。しかし、すべてが闘い優先の時代だったから、私たちの表立った恋愛感情は他の同僚たちの非難の的とならざるをえなかった。忙しくなる労組活動とその後の連帯闘争、そして逮捕へと続く息詰まる暮らしの流れに逆らうこともできず、私たちの愛は少しずつ萎んでいった。結局、恋愛らしい恋愛もできなかったわけだが、彼は私の初恋だった。

一九八四年六月八日、ついに金属連盟会館の地下で労組の結成大会をもった。委員長にチ・ヘスク、副委員長にジン・ソンジャとチャン・キョンスク、そしてまだ入社八カ月目の私が規約上の役員資格がなく総務になった。そのときに教育部長になったソ・イジャは、偽装就職した学生出身だった。私たちは労組活動をめぐってたくさん話し合ったが、互いの闘い方には少し違いがあった。そのころ前衛的な闘争を主張するグループに属していた彼女は、私の組合主義的なやり方にとてももどかしさを感じていた。しかし、労働者には労働組合が必要であり、私たちは何があっても労働者の権利を守り抜くのだということでは意気投合した。

いずれにせよ、私の闘いは、初めから闘いとることを目的にするよりも、和解して分け合わなければならないという思いで始まったものだったかもしれない。大それた位置づけよりも小さな実利を目指すことも方法ではないかと思っていた。そして、私のやり方が言葉よりも足が先に動くほうだったので、ときおり問題となった。

労組の結成大会を終えて数カ月が経っても、会社は労組に事務室を提供しなかった。交渉をしても何の進展もなく、私は悩んだすえに個人的に当時のチェ・ヒョンホン工業団地理事長に最近の状況を説明し、労組の事務室が本当に必要なのだという趣旨の手紙を書いた。その内容に感動した理事長は、私を呼び出して一生懸命やるよう励まし、会社に圧力を加えて事務室を提供するように力を貸してくれた。私は自分の個人的な努力で皆の願いを叶えることもできたことでとても嬉しかった。しかし、このことでソ・イジャさんは火がついたように怒った。そして、誰にも言うなと要求した。どんなこ

演劇班、山岳会などの集まりは、組合員たちの団結を強化した

とであれ、労働者の闘いの成果として勝ち取らなければならないという意志を持つことこそが、正しい労働者の姿勢だというのだった。正しい言葉ではあった。しかし、私だけではなく皆が切実に事務室を要求し、結論的には事務室ができて事態は好転しはじめた。この時期のソ・イジャさんの役割はとても大きく、いろいろな局面で多くのことを学ぶことができた。しかし私たちは、些細なことを含め数多くの問題で衝突したので、私と同じように彼女も辛かったことだろう。

機関紙編集部、読書会、演劇班、山岳会などの集まりは、組合員たちの団結強化のために大きな役割を果たした。一方、苦労していたチ・ヘスク委員長が辞任した後、ジン・ソンジャ副委員長がそのポストを埋め、ソ・イジャさんが副委員長になった。そして、私は入社一年目の代議員大会を経て事務局長になった。

その頃の九老洞は、労働運動の熱気が溢れかえるところだった。私は組織の力が何であるのかぼんやりわかったような気がしたし、これからこれまでの闘いの成果が得られるという希望で溢れていた。カリボン労組と同じ年に大宇《デウ》アパレル（六月九日）、ヒョソン物産（七月一四日）、ソンイル繊維（六月一一日）など近くにある多くの会社で労働組合が結成された。会社の事情は少しずつ違うが、私たちは同じ労働者として助け合い、連帯の力を確かなものにしていった。学習も一緒にし、活動についての交流もしょっちゅうして難しい問題にぶつかれば一緒に解決し、催しがあるたびに一緒になって当日の内容を考えた。そして、一九八五年春の賃上げは、時期と闘い方について一緒に相談しながらやろうという決議をあげて闘いに入った。私たちの労組は、「野火」という組合機関紙を通じて地域と仲間たちのニュースを知らせ、組合員たちの意志を強めていった。

賃上げ闘争をめぐって再び意見がぶつかった。私は一定水準で交渉をすればいいという考えをもっていたので、私たちの水準よりずっと高い案を出すのは闘いのための闘いをするものだとしか思えなかった。そして、他の労組で賃上げ交渉が終わらなければ、すでに終わった私たちの賃上げ闘争も解決せずに続け、組合員を疲れさせることにも不満だった。しかし、連帯闘争はいろいろな点で意味があったので、難しいけれどやらなければならないことだった。

その当時、私たちには力を合わせればどんなことでもできるという希望があった。互いに顔を見るだけで笑みがこぼれ、やたら足に力が入り、歩くのももどかしく走り出したいほどだった。それは信頼だった。私が倒れれば私を起こしてくれる人はお前だという確信が私たちを結びつけていった。その力は、小さな集まりの形で地域サークルが生まれ、各会社の中心メンバーによるグループが作られながら、より強固なものになった。その小さな組織は、労働者の哲学を主に学習し、会社に関する情報交換もするなど連帯を深める上で重要な役割を果たした。この集まりは、のちにソウル労働運動連合へと発展し、労働運動史の一ページを飾った。

一九八五年六月二二日、大宇アパレルのキム・ジュンヨン委員長とカン・ミョンジャ事務長、チュ・ジェスク女性部長が逮捕された。目の前が真っ暗になった。この間大宇アパレル労働組合を潰そうという陰謀があるという噂を聞いていたところだったので、ついに来るべきものが来たと思った。翌日大宇アパレル労組、ヒョソン物産労組、カリボン電子、ソンイル繊維労組、清渓《チョンゲ》被服労組の中心幹部が集まって対策協議に入った。結局大宇アパレル労組を無力化するか解散させ、その後順番に九老地域の他の民主労組を粉砕する陰謀だろうという結論で一致した。決して引き下がることはできない決戦を覚悟し、二四日を期して同盟ストライキに突入することを決議した。

これまでそれなりに心配しながら準備してきた闘争のときが時々刻々と迫っていた。果たして私たちが勝利できるかという思いで、息苦しいくらいだった。私と委員長には労組事務室のある禿山工場を任せ、副委員長には九老工場を任せるよう決め、六月二四日勤務班が変わる午後二時を期して食堂に集まりストライキろう城に入った。大宇労組幹部の逮捕の事態と連帯闘争に対する意志は、二五〇人余りの組合員を動揺することなく団結させた。労働組合が結成されて組合員が労働者としての権利と希望を持つようになって一年とたたない時点でのことだった。よく考えれば、「逮捕者を釈放しろ」、「労働悪法を改正しろ」、「労働部長官はやめろ」というスローガンは、私たちの職場とは直接的には関係のないことであり、政治課題よりも労働組合の活動水準に重きを置いていた私でさえ、少し戸惑うものだった。しかし、組合員は労組幹部のスローガンに誰もが積極的に加わり、一糸乱れず従った。私は組合員のこのような勇気と意志に目頭が熱くなるのに耐えながら、私の命をかけることになったとしても彼らを最後まで守ろうと決心した。

とても蒸し暑い夏だった。狭い食堂に二〇〇人以上が集まって汗をダラダラ流し、息苦しくもあったが、誰一人として音をあげる者はいなかった。二日目からは昼食も与えられず、その後は電気、水道も止められた状態になった。大小便もドラム缶のようなもので簡易トイレを作って用を足さなければならなかった。これまでの人生で聞いたことも見たこともない目に遭っていたが、私たちは大声で歌を歌い、ずっと討論をし、見つめ合うことで力を得ていた。

一番辛かったのは、男性管理者の口に出すことも憚られるような下品な罵声を聞くことだった。それだけでも同じ職場の者として人間の道に反することなのに、彼らは自分の下の兄弟や子どものような組合員に反吐を吐くような悪態をついた。そして一方では、外で寂しい音楽を流しては家のことを思い出させるようにし、私たちの隊伍を乱そうとあらゆる手段を尽くした。それでも私たちが何の動

蒸し暑い食堂で汗をダラダラ流し、息苦しかったが、誰一人として音をあげなかった

揺も見せないと、ついに親たちを動員しはじめた。会社からあらゆる勧誘と脅迫で説得された親たちは、無理やりろう城現場に入り込んできて自分の娘の髪をつかんで引きずり出したりし、三日目には組合員が一〇〇人ほどに減ってしまった。しかし、我が家の場合は、父が私を理解してくれていたので、かえって下の子に海苔巻きを作らせて届けさせてくれた。そのような困難な状況でも、娘を信じて理解してくれる両親が誇らしかった。

最後の日となる二七日、雨がしとしとと降った。前日までに他の職場はみんな解散し、私たちだけが残ったという情報を聞いていた。蒸し暑さとひもじさに疲れた組合員たちが一人ずつ倒れはじめると、残った七〇人ほどの組合員が集まって緊急会議を開いた。委員長と私はこれ以上組合員を犠牲にできないという結論を下した。

「労働運動は、一日で終わるものではない。長い日で未来を見つめてより大きな闘いを準備しよう」
委員長の話に多くの組合員は反対したが、組合員が一人、二人と家族の手によって連れて行かれる状況のなか少数で耐え忍ぶことは困難なことだった。結局、すべての組合員とともに闘おうという意見を受け入れて解散することを決定した。

私たちは『愛国歌』〔韓国国歌〕と『揺らぐまい』を歌いながらろう城していた食堂を出た。幸いにその場では私たちは連行されなかったが、集まっていた管理者たちは私たちを押さえつけて殴りつけるような脅迫を加え、ひどく罵倒しまくった。なぜ彼らは私たちに対して人格的な冒涜まで躊躇せず、自らの口を汚すのだろうか。ひもじさと疲労の極にあった組合員は、今にも泣き出したいのをなんとか我慢し、互いに手をしっかり握り合って私たちの強い意志だけは彼らがどうすることもできないのだと確信した。私は、ろう城場を出るとまっすぐ全泰壱《チョン・テイル》記念館〔一九七〇年一一月一三日、ソウルの平和市場前の路上で「勤労基準法を守れ」「我々は機械ではない」と叫んで焼身自殺を遂げた全泰壱烈士の記念館。彼の闘いは、七〇年代の韓国労働運動の起点となり、全泰壱精神として現在まで受け継がれている。記念館は鍾路《チョンノ》区昌信同《チャンシンドン》にあり、清渓被服労組の事務所が併設されていた〕に行ってこれからのことについて相談した。

たとえ惨憺たる思いで解散することになったとしても、四日間行われた九老地域労働者の同盟ストライキは一九五〇年代以後最初の同盟ストライキであったということと、闘争の性格が初期段階であったとはいえ政治闘争の性格を帯びていたということから、韓国労働運動史の重要な闘争として評価されている。しかし、逮捕四三人、不逮捕立件三七人、拘留四七人、解雇および強制辞職などがあり、出勤停止は二〇〇〇人に及び、大宇アパレルだけの強制辞職が九〇〇人にもなったという点やさまざまな立場の違いによる否定的な評価もないわけではない。

カリボン電子は、一六人が解雇されることで終わったが、状況はそんなに単純ではなかった。私達はこの一年間、新しい希望で胸が一杯だったし、いつかは叶えられない夢ではないと思うことができた。しかし状況は、予想されていた方向あるいは予想できなかった方向へと進み、その条件のなかで私たちの希望を再び語りうるときが来ていた。私はやっと芽生えはじめた組合員の勢いを育み、発展できたのにという思いで残念でならなかった。

ろう城の解散後、現場の雰囲気は完全に戦場のように険悪な状態になった。組合員は、管理者の露骨な脅迫を受けながら仕事をしなければならず、解雇された一六人は一カ月間出勤闘争を続けた。その過程でジン・ソンジャ委員長がまず逮捕され、ソ・イジャ副委員長と私が一九八五年七月二三日加里峯五差路の座り込みをしていた現場で逮捕連行された。

こうして前科者になった。私は労働者として一生懸命生きてきて、いつの間にか私に与えられた労働者としての権利が、私に平凡な人間としての暮らしを許さなかった。何よりも労働者にとって重要なことは、民主労組の建設だと考え、そのためだけでも私は犠牲になる覚悟ができていた。しかし、どこにも政治的な意識が介入する余地はなかったようだ。ただ、九老同盟ストライキをともにできたことは、私も参加せざるをえない状況を受け入れた結果であり、私はろう城に入ったときから逮捕される覚悟ができていた。

初めて入った留置場はとても暗かった。むっとするトイレの臭いが人間扱いしない、その空間の暴力性をはっきりと実感させてくれた。弁当箱に無造作に盛られた大豆入り麦ご飯は、到底喉を通るものではなかった。一〇日間もほとんどご飯を食べないでいると、皆私がハンスト闘争でもやっているのかと思ったらしい。それは暮らしではなかった。これからどれぐらいになるのだろうか……。ふと、死にたいと思うときもあった。

一〇日間が過ぎて永登浦《ヨンドンポ》拘置所へと移された。それでも、拘置所は留置場よりずっとましだった。豆ご飯にも少しずつ慣れ、金さえあれば、種類は少なかったが果物も食べられ、ここでは買えるのだなあと思った。他の部屋だったが、近いところにジン・ソンジャ委員長とソ・イジャ副委員長など知り合いがいて、仲間たちと一緒だということが何よりも力になった。押し込められてはいたが、惨めさはなかった。これぐらいの圧力で私の意志を挫こうとするのなら、いつでも耐え忍んでみせると決心した。会社をやめた姉がほとんど毎日面会に来てくれ、私を支えてくれたことが何よりも力になった。逮捕されるだろうと予想して二〇万ウォンが入っている通帳をあらかじめ渡してきてよかったと思った。

当時の拘置所は、もうひとつの闘いの現場だった。通房（監獄で他の収監者と話を交わすこと）もして、ほかの政治的な状況や拘置所内の問題をめぐってもずっと闘いつづけ、八回のハンストもした。

裁判が行われてからは、法廷闘争を展開し、裁判所でスローガンを叫び、歌を歌い、出廷拒否に入ったりした。私は実はこうしたやり方に懐疑的だった。それは、こうした場合にはすぐに裁判が延期され、大切な時間を浪費するのではないかとの思いからだった。

一九八五年一一月、私は懲役二年執行猶予三年の判決を受けて出所した。翌日心配しながら私を待っていた彼に会った。言葉よりも表情で語りかけていた彼は、相変わらずはにかむような笑みで私を迎えてくれた。勾留されている間は直系家族だけに面会が許されるため、ときおり彼のことが気になっていても、面会に来る姉に負担をかけてはいけない状況だった。彼に会ってこれまでのことを止めどなく話しながら、私はやっと自由になったことを限りなく幸せに感じることができた。私が出所していくらもしないで、姉はとても平凡な人と結婚した。そして、まるで何もなかったように平凡な専業主婦としての生活に入っていった。姉の結婚をきっかけにして私と彼との関係が明らかになると、両親はいろいろな理由で反対した。そんな状況で自尊心を傷つけられた彼は、別れることを望み、私たちは普通の友達関係に戻ることにした。しかし、その後もずっと長い間、彼は頼もしい同志として私のそばにいた。

私が四カ月ほどの拘置所暮しをしている間、外の状況はすごい急流に乗って変化していた。まずソウル労働運動連合（以下、ソ労連）の立ち上げとともに、活動家の間に熱い思想闘争が展開され、私と親しかった一九七〇年代の先輩たちと当時の労働運動家たちの間の対立が深まっていた。私は両方と親しかったので、どちらかの側に立つという悩みを放棄した。実際、私にはいかに暮らしていくのかがより重要な問題であり、一日でも早く現場に入りたいという思いだけだった。私がもっとも尊敬し、信じていた先輩であるイ・ポンウ（当時、ソ労連副委員長）さんに会ってソ労連の立場について聞いたが、私は何が正しく何が間違いなのか判断できなかった。

九老同盟ストライキ以後に現場の外で働いていた友人たちは、まるですぐにでも革命に突入するかのように浮き足立っていた。そして、時間に縛られない生活が続いたことから、ルンペン気質が染みつき、就職しても辛抱できない場合が多く本当に残念だった。私もやはりそんな状況になるかも知れないと焦ったりもした。外での活動よりも現場での活動をより重要に考えていた私は、その後も現場労働を続けていった。

一九九二年に放送通信大学の法学部に入学した。どうしても何か学歴が必要だったわけではなかった。就職をして入った現場で私の身元が明らかになり、再び解雇されることが続くと、ちょうど結成（一九八七年八月）されて活動を始めた女性労働者会に入って仕事をすることになった。そして、法律がよくわからないと相談もできないと考え、働きながら勉強ができる放送大学を選んで勉強をすることにしたのだった。しかし、面白半分に始めた勉強は、いろいろな壁にぶつかった。法学の本は、ほとんど漢字になっていて、字引を引いて一字一字確認しながら勉強するのは一苦労だった。それに、英語はまったく基礎がない状況で、ついていくのがやっとだった。それでも何とか慣れてきたころ、「清心」という学習グループに入っていろいろ助け合ったのが役に立った。年をとった人が多くて生活の大変さも互いによく理解できたので、本当にいい関係ができた。今でも七、八人の集まりがあり、大変だったころの友情を深めている。

私の人生でもうひとつの重要な部分を占めているのは共同体活動だった。一九九五年三月一日、禿山洞の九坪の工場で「共同体漢白」（漢拏《ハンラ》山から白頭《ペクト》山まで生産共同体として波打てという意）という名前で仕事を始めることになったのは、韓国女性労働者会協議会の代表だった先輩イ・ヨンスンさんのおかげだった。「スペインのモンドラゴンから学ぶ」というビデオを見て、先輩がこのような生産共同体を作ったらどうかと提案し、九老《クロ》同盟ストライキをともにした縫製労働者たちが中心になって作った事業体だった。一九九二年に女性労働者会を辞め、再び現場に入って縫製労働者として働いていたときだったので、私にはこれ以上ない嬉しいことだった。

二〇年間ミシン工として働いても、単純技能者にしかなれなかったのだから、自分が生産の主人公になったということだけでも画期的なことだった。みんな楽しく働き、現場で働くこと自体が面白かった。労働解放というのは、働かないことではなく、楽しく働いてそのなかで幸福を感じられるということだった。自ら自由に一生懸命働き、抑圧されずに働いただけ受け取り、楽しく働くことができればそれ以上に望むものはなかった。もちろん、初めは誰かに雇用されるのではなく自分が社長だという認識をもつことは、みんなには慣れないことで受け入れにくいことだった。経営者の立場で自分に与えられたことに責任を感じることよりは、ただ与えられることにだけ慣れた習性から簡単に抜け出せないからだった。

初めは婦人服チームと生活韓服チームに分かれて下請け仕事をもらって作業をしたのだが、生活韓服ブームが起こり、生活韓服のほうに作業を集中して行った。始めたときに一〇〇万ウォンから二〇〇万ウォンずつ出資したのを、二九〇万ウォンにして作業場を三二坪に増やした。もともと仕事熱心なうえに、最後まで責任を負う仕事をするので、注文は増えた。「トルシルナイ」の場合、ブランド名が上がるとともに注文量が増え、全面的に自分たちの仕事だけをしてくれと要求されたので、私たちはしばらく一緒に仕事をすることになった。実際、資本さえ十分であれば、自分たちのブランドを作って事業をより安定させることもできたが、条件が揃わず残念でもあった。「共同体漢白」は、順調に資産を増やしていき、一九九七年のＩＭＦ管理［金融危機に直面した韓国経済はＩＭＦなどに支援を要請し、ＩＭＦ主導の経済政策を受け入れ、倒産する企業が多発した］によって多くの会社が潰れたときにも生き残って六年間も事業を続けることができた。

私は生産共同体の一員として、そしてその後は代表として働きながら、多くのことを学んだ。何よりも他人に優しくなり、包容力が生まれた。実際、このように自分を鍛えられなければ、共同体の設立もできなかった。「私がやってやらなければ」、「私がもっと働かなければ」という考えで仕事をしてきたので、私にはそれが体に染みついていた。経済的な面からも家の役に立つことができた。しかし、お金よりも私には画期的なことだった。私を成長させ、私をして世間で生きていく自信を持たせてくれた。どんな状況のなかでもひもじい思いをしない自信と、誰と働いてもケンカせずに合わせていける度量を持たせてくれた。

ある程度システムが安定的に整っていき、私の役割がこれ以上会社の発展に役立たないと判断し、後輩に引き渡さなければと考えていた二〇〇一年六月、ソウル女性労働者会から再びお呼びがかかった。そして、翌年一月の総会を経てソウル女性労働者会の会長になり、当時の「九老生活自立支援センター協会」の代表という仕事が与えられた。こうして私に与えられた仕事をする間、私はもう一度社会福祉学を勉強しなければならないと決心した。それで、とりあえず一学期を残してやめざるを得なかった放送大学法学部に復学した。

いつの間にか時が経ち、四〇歳をあっという間に越えてしまった。ときおりいろいろなインタビューを受けながら、何気なく振り返る過去の話の中にふと自分の影法師を覗き見ることになる。そのとき、それは本当に私だったのだろうか。あるときはとても慣れ親しんだその姿が懐かしく、目頭が熱くなったりするし、あるときは思い出した姿が馴染めず肩をすぼめて消してしまったりすることもあった。その当時の怒り、その当時の闘争、その当時の勇気は、今はもう私のものではないだろう。しかし、そのときのそれが完全に私の生活のすべてだったという事実を誇りに思う。

人々とともに働きながら、力を得ることができて幸せだった

私は人々とともに働きながら、力を得ることができて幸せだ。そのように私に与えられた仕事を一生懸命やって、また誰かに私の仕事を引き継がせたら、その次には共同体村を作ってみたいと思う。私は夢を見る自分が好きだ。

〔翻訳〕大畑龍次

第三章　学生の身分を隠して工場労働者に

パク・シンミ（朴信美）略歴

一九六六年　九月二七日　釜山《プサン》生れ
一九八九年　釜山大学校化学科を卒業
一九九〇年　テヤンゴム入社
一九九三年　一二月、テヤンゴム偽装廃業闘争を主導
一九九六年　釜山タクシー労組幹事
二〇〇〇年　才能教育教師［進学塾の教師、進学通信講座の訪問教師、家庭教師など］
現　　在　才能教育教師労働組合事務局長

いつものように夢を見る。母さんからもらった銅貨を握り締めながら、市場の中にある家を出ると、門の傍に陣取っていた爆弾あられ売りのおじさんのしわがれた声が聞こえる。「ミヤ！　出勤するんか」夢の中のおじさんは、声だけで顔はない。そして、いつのまにか私はお餅屋さんの前に立っていた。赤、黄、白のお餅が美味しそうだ。「ミヤ！　餅食うか」銅貨を持っている手をさっと引っ込め、もう一方の手を差し出して餅を受け取り、大きく一口かぶりついては、ゆっくり市場を歩き回った。山菜を積み上げたままうたた寝をしているパクおばさん、鯖に繰り返し水を掛けている魚屋のお婆さん、肉屋の太ったおじさん、いつも言い争いをしているチヂミ屋の口が悪いおばさん。でも夢はいつも、飴細工屋さんが最後だった。小さな手の中で汗でべとべとになった銅貨は、いつも飴細工屋のおじさんの取り分だった。「ミヤ！　今日は少し遅いなあ。どの型で押してやろうか。星の形はどうだ」飴細工の中に砂糖が溶けていくのを心うつろに眺めながら、いつのまにか寝入ることもあって、夢の中でまた夢を見た。

朝出かけたら一日中市場を歩き回り、夕方遅くになって家に帰っていた子ども時代、たぶんヨンマサル［流浪の星回り］に生まれたんだというような大人たちの心配を聞かねばならなかった。しかし、子どもの私は、それがどうして心配することなのかわからなかった。人々がごった返している市場には、面白いこと、面白い人たち、面白い物がいっぱい満ちていて、そのままその中にいるだけでも、この上なく幸せだった。何年か前、三五歳を過ぎて始めた学習誌教師［進学指導の通信講座を受けている子どもの家庭を訪問する教師］の仕事は、大人たちの憂慮が予言として当たったように思えて、苦笑した。才能教師になって、伸び盛りの子どもたちを教えるとき、一日一〇時間をこの家あの家に通っては、夜一〇時を過ぎて帰宅していたのだった。私の星回りをうまく利用する仕事だから、多分とてもふさわしい仕事であるかも知れない。

今日も早く家を出てバスに乗った。釜山市内を通り、全国才能教育教師労働組合釜山支部がある民主労総（全国民主労働組合総連盟）の事務室まで行くところだった。今日中に解決しなければならないことを考えながら、窓外の都市の風景を何気なく眺めているのだが、いつのまにか目蓋が重く下がってくるのだ。そして、いつもと同じような夢をまた見てしまうのだった。

好奇心旺盛ないたずらであった子ども時代、飴細工は私の最大の関心事だった。白い砂糖がゆっくりと溶けてゆくのを見ながら、くたびれて寝入っては目覚め、また眺めては一日中、日が暮れるのも気づかずにいた。そのうち、近所の子どもたちを大勢呼び集めて、家にある杓子で飴細工を作ってあげたりした。母に見つかってひどく叱られてからは、そのことにも興味がなくなり始めた。後に、飴細工のように面白いことが無尽蔵と思われるくらい多いということを知ったのは、兄や弟と一緒に地面を這い回ったり屋根の上を飛び回ったり、近所の子どもたちのメンコとビー玉を全部せしめて遊んだ時からだった。機転が利いて子どもたちの人気を一身に受けていた、平凡で明るいだけの子ども時代だった。何か新しいことが出てくると、必ず一回試してみては皆に伝える性格なので、私と遊ぶとたくさんのことを覚えられて、面白くて、好きだという友だちが大勢いた。

いつも人でごった返している市場で暮らしていたからなのか、私は、そんな人たちの中にいることが心地よくて楽しかった。

そうしたある日、父が高血圧で倒れた。事業の失敗によるショックに耐えられなかったのだ。やっとの思いで病の淵から起き上がったが、すぐに長い逃亡生活をしなければならなかった。その渦中で、身体の弱い母が寝込んでしまい、平凡で穏やかだった子ども時代はこうして幕を閉じた。小学校高学年の頃だった。ヴァイオリンを習って、スリーピースの良い服ばかり着て通っていたお姫様が、ある日突然、弁当も持てず、水でお腹を満たさねばならないひどい貧乏の中に陥ったのだった。

まったく訳のわからないことが続くようになって、何が起きているかを知るにはあまりにも幼かったが、私は家の中の雰囲気を敏感に感知しながら、早熟な子どもとして大きくなっていった。父は家におらず、母はいつも床に伏せていた。ねっとりと重苦しい空気は、母の溜め息と共に一層底知れない深みに沈み込むばかりだった。ただ一瞬、私が学校から賞を貰って帰ってきたり、試験で良い点数を取ってきたりした日には、母は皺だらけの顔を精一杯伸ばしてみようと努めた。その当時、私の努力のすべては、どうしたら母を喜ばせるかに集中していた。お金がなくて卒業アルバムさえ買えなかったが、私は卒業式の日あれこれと賞を五つももらって拍手を浴びた。しかし、そこに家族はいなかった。父は借金取りに追われて逃亡中で、母は具合が悪くて外出できない状態だった。卒業写真一枚ない娘に、母は申し訳なく思い心を痛めるばかりだったが、その後も卒業式はいつも私ひとりだった。

こうして自ら自分の問題を解決することに慣れていった。母親の細やかな世話が必要な弟のために、いつも面白い童話を聞かせてやろうと、本をいっぱい読み話を作って聞かせることもした。ある時は、そんな努力などが柄に合わずやり過ぎてしまったようだ。一度は、母の誕生日のプレゼントのために、苦労して貯めた小遣いでゴム手袋と練炭挟みを買ったが、むしろ叱られることになった。私としては、ゴム手袋に穴があいて母が辛いだろうなと思い、練炭挟みもこわれて強いガスを嗅ぎながら練炭を入れ替える母の姿があまりにも痛々しかったのでプレゼントしたのだったが、母は「仕事でもしっかりやれというつもりか」と腹を立ててしまった。

貧乏も、時間の流れを遅らせることはできないのか、いつのまにか私は中学生になった。しかし、父は相変わらず借金取りに追いまわされて、母の溜め息はさらに深まるばかりだった。その頃、学校の休みの時には母と一緒に一日中座ってやっても二千ウォン余りにしかならない内職で日を送らなければならなかった。ビーズに糸を通す仕事、手袋を縫う仕事、栗剥き等々、電気代が恐ろしくて、明かりもつけない夜には、月の光が頼りの縫い仕事がどんなに辛く苦しかったか、貧乏であることがくやしいばかりだった。しかし、他に方法はなかった。その時は、本当に一食の食事をすることも、ままならないことだった。毎日うどんばかりを三カ月間食べ続けたせいで、今も私はうどんを思い浮かべるとムカムカするし、匂いを嗅ぐのも絶対に嫌というほどになった。それでも学校が休みの間は、昼食時間のたびに、パンが好きだからパンを買いに行くと言いながら、こっそりと教室を抜け出しては水道の水でお腹を満たさなくてもよいのだから、それだけでも幸いだと言わねばならないだろう……。

どっちみち、交通費が惜しくて、家の外に出て行けない暮らし向きであった。

しかし、学校での私は、自分で考えても相変わらず明るく聞き分けのないいたずらっ子だった。授業料もろくに出せずいじけることもありそうなのに、天性が楽天的で、表面的には限りなく明るく悩みがない子どもだった。中学生の時のある日、試験勉強の疲れを癒そうとして、教室の窓を全部新聞紙で覆っておいて、ミス韓国大会を開いた。もちろん、隠そうとしても隠せないことなのだが、皆が面白がって死にそうに笑って大騒ぎしたので、先生に知られないわけはなかった。教室の戸を開けて入ってこようとした先生は、あきれて開いた口が塞がらなかった。私は、神聖な教室を汚した（？）罪で除籍までされるところだった。それからもう一度は、かんしゃく玉をあちこちに隠しておいて、先生方がいつも手足を動かす習慣に従って破裂するように仕掛けるいたずらをした。罠にかかった先生方は少し驚きはしたが、いたずらだと思い、大体そのまま過ぎた。ところがある年配の男の先生が、かんしゃく玉が弾けた瞬間、「爆弾だ！」と叫びながらうつ伏せになったことで事件が大きくなり、私は結局職員室に呼ばれていくことになってしまった。

可愛くて溌剌としていただけだった記憶の中で、親しい友だちに対する愛もまた美しい風景のように残っている。その中に、キョンフィがいた。グループで一緒に遊び回っていた中でも大の仲良しはキョンフィだった。私たちは名前で呼び合うだけでは満足できず、お互いを「あなた」と呼ぶ誰もが羨むほどの似合いのカップルだった。そんなある日、とうとう友だちを集めて結婚式まで挙げた。教室いっぱい蝋燭の火を点して、友だちの拍手を受けながらふたりは「公式夫婦」になった。その関係を、いつもただひとつの物差しだけで評価しようとする先生にかかると、同性愛云々と、結局色褪せた友情になってしまったのだろうが、幸い、とても美しく独特な私たちだけの思い出として残っている。

高校生になって身長が手のひら一つ分伸びたけれど、苦しい暮らし向きはよくならなかった。運よく母が学校の食堂で仕事をするようになってから食いはぐれることはなくなったけれど、ただ糊口をしのぐ程度の生活を維持していたに過ぎなかった。この頃から私は、女性として母を理解できるようになり、いろいろな話をした。母は学歴がないことに対して劣等感がひどく、何かというとすぐに「わからない」と言うので、私は勉強しなさいと言って本を買ってあげたこともあった。そのような自分の状態を哀れに思っていたのか、母は弱い人に対して気配りと施しの気持が強く、私たちと関係のない、家の前の工事現場のおじさんたちにまで、お酒とキムチを持って行ったりした。そして勉強にかなり興味を見せている娘には、しっかり勉強をしてお金をたくさん稼ぎ、弱い人たちと分け合って使いなさい、といつも言っていた。家では早熟で大人のように振る舞っていた私を母はとても頼りにしているようだった。新しい本を買う代わりに古本を買ったり友だちから借りたり、バス代を節約したりしながらお金を少しずつ貯めたお陰で、私は時々父母の非常財布の役割を果たす事もできた。こうして母はまるで友だちのように私に接し、これまでの辛かった心情的な話もたくさんした。こうした母の人生は、私に、女性がこの社会を生きていくことがどんなに辛いことかを悟らせてくれた。そこで一時、私は母親になることに対する恐怖があった。

私の大学合格は、ご飯も食べられずに生きている連中が娘を大学に通わすのかと、厳しい非難をする親戚がいたり、父でさえむしろ落ちることを願っていたりして、みんなが喜んだニュースではなかった。その上、浪人をしていた兄と一緒に入学しなければならない状況なので、そのように思う両親の心情も理解できるのだった。登録締め切り日が過ぎて大学入学が難しくなったのを気の毒に思った父の友人の助けでやっと入学金を払ったが、父は、アルバイトと奨学金で自分の力で卒業するように、ときっぱりと申し渡した。

事実、家計が苦しい状況での大学生活という身に余る贅沢であった。中学・高校さえ卒業したらみんなゴム工場労働者として生きていかなければならなかった従姉たちは、集まっても絶対に工場の話をしなかった。自ら働きながら生活人として生きている従姉たちにつまらない罪意識のようなものを感じた。いつだったか学校の試験のために明け方に家を出たとき、工場労働者を乗せた通勤バスを見た。こんな早い時間に、足りない睡眠時間を補おうとみんなこっくりこっくりしながらバスで運ばれていく姿が、とても大きな衝撃として迫ってきた。急に大学生という私の上着が、まるで他人のものであるかのように不自然で贅沢に感じられ、むしろ私も工場労働者であればという心情になってしまった。それ以後私は絶対に自分が大学生であるということを表にさらけ出さないように努め、話すことや行動することに注意した。

けれども一方で好奇心の強い私は、これまで抑えられてきた感情の手綱をゆるめ自由な大学文化を喜んで受け入れた。そしていつも楽しそうだと見ていたスケートボード部に入って懸命に練習し、賞をもらったりもした。こうした渦中でも奨学金をもらうために熱心に勉強しなければならず、アルバイトもしなければならなかったので、二学年の時から急に騒がしくなった学生デモには関心ももたなかった。そうしたある日、戦闘警察隊［日本の機動隊に相当］に向かって石を投げている学生たちを見ながら、不意に「なぜ？」という疑問が生じた。あれは明らかに戦闘警察隊に向かって投げているのではなく、社会に向かって投げているのだという確信が生まれた。

私には絵をうまく描く才能があった。幼いときから家にあるさつま芋やカボチャを見ながらスケッチをしたり、宿題でもないのに座り込んで絵を描き続けたりした。一時は画家になることを願ったこともあったが、貧しさは夢を見ることさえ許さなかった。大学三年になったある日、キャンパスの片隅でごったがえしている中でおこなわれていた美術共同体の創立を知らせる展示会は、こうした私にとって追い払うことが出来ない誘惑だった。そしてためらうことなく彼らに近づいていった。

「私はね、走ることも出来ないし催涙弾も嫌いだけど、どうして石を投げるのかその理由を知りたくて来たの。だからその理由がわかるまでは私に石を投げろと言わないで！」

背の低い女の子が出し抜けに入ってきて堂々と宣言するのにあきれた先輩たちはただ笑うばかりだった。その笑いの意味は次の日、直接石を投げる状況に置かれてすぐに悟らされた。デモがあるのに、行くか止めるか尋ねられもせず、行くか止めるか悩む暇もなくその隊列に組み込まれ、火炎瓶を準備し石を投げるデモ隊の中に私がいた。私はこの日、このようにして学生運動の道に入っていった。

以後先輩や仲間たちが監獄に入れられたのを見て恐ろしくなかったわけではないが、大型看板を作ったり版画や漫画を書いてポスターなどを作る作業が面白く、またそうしたことを一緒にする人たちが好きで何も問題になることはなかった。

大学三年生だった一九八七年冬、思いもかけないことが起こった。政治や社会のことが書かれたものを読んでいて眠ってしまい、父にすべてのことがばれてしまったのだ。その日すぐに髪の毛を切られて家の中に監禁されてしまった。父も外出せず「アカ」に染まってしまった娘の精神改造をするために、なんと一カ月間も家に閉じこもり外出しなかった。じっとしていれば余計な考えが出てくるからと、私に洗濯物をたくさん投げて寄越して洗うようにさせた。そして、洗っておいた洗濯物を全部庭にまき散らしてもう一度洗えと言うのだった。甚だしきに至っては部屋の中に砂をまき散らし掃除をしろと言った。さらに保安司令部に電話まで掛けて情報提供することもあったのだが、その頃父は、税務に関連する代理人として働いていて警察官をたくさん知っており、硬直した思考が警察よりもっとひどいほどだった。このような父に、思想と考える自由を剥奪しないでと抵抗したけれど、戻ってくるのはひどい笞打ちだけだった。そして少しでも疑いが持たれる本はすべて焼かれてしまい、確かに組織があるはずだから白状するようにと責めるのだった。結局、何もしないで休学している友だちの名前を告げてから監禁状態が解かれはしたけれど、その後、いつでも鞄を検査されることになった。父のこうした激しい行動はむしろ反発を起こさせ、私の社会に対する関心は一層高まった。

母にとっても私が運動家になったことは胸がつぶれることだった。学歴のない人を助けて生きなさいと口がすり減るほど言っていたのに、その娘がまったく何も持っていない人として生きるなんて……。その上どんなにか頼りにしていた娘だったのに。中学校の時から、祭祀［祭祀は家庭内で行われるものと墓地で行われるものに二大別される。前者はさらに四代前までの祖先の命日に行われる忌祭祀と元旦や秋夕に行われる茶礼に分かれる。墓前で行われる祭祀は五代以上前の祖先に対して、毎年一定の日に行われる。韓国では家族が行わなければならない祭祀が多い］に使うお金が無くて泣いていた母に、私は参考書を買うためにとって置いたお金を上げたこともあり、高校の時は、ひどいときには刃物をもって喧嘩をしていた父母の間で、いつも母の側に立って慰めたりした。だからまるで友だちのように、娘にすべての心配や悩みをうち明ける母だった。だからとても失望したのだった。おまえは家を興さなければならない人なんだから……、どうにか入った大学なのにそれを台無しにするのかと、泣きながら訴えるのだった。私を家の中心に置いた母の希望を台無しにしてしまったようで胸が痛かったが、後戻りするにはあまりにも多くのことを知ってしまい、仲間たちとの信義も破ることはできなかった。この当時、私は、私ひとりの背信がまるでこの国を永遠に悪のどん底に陥れることであるかのように焦っていた。そして他の誰でもない、まさに私がしなければならないという信念が確固としていた若者だったのだ。結局、頑固な父を避けて家から逃げ出してサークルの部屋での生活が始まり、家との連絡を絶ってしまった。

この間の悩みは、水が流れるように自然に解消できるというような軽いものではなかった。私にとって、学生運動か両親かどちらかひとつを選択しなければならない問題とは考えられなかったからだ。大学卒業を前にしたある日、母は、私を家に引き止めておこうとした緊張が解けたためか倒れてしまった。心臓弁膜症だった。娘のためにたちの悪い病気にかかったという悔しさが私の胸に溢れた。手術をして人工心臓をつければ一〇年以上生きられるのだけれど、保証金一〇〇万ウォンで月額七万ウォン程度の家に住む有様では、とても考えられないことだった。お金を稼がなければならなかったし、母にも生きてもらい家も守らなければならない状況だった。

何かを選択しなければならないことにこんなに悩み苦しんだのは後にも先にもなかった。依然として軍事政権に抵抗する多くの人々が焼身し自分を犠牲にしており、労働者が人間らしく生きることができる世の中は、遥か遠い先のことのようだった。屋根裏部屋で息を殺しながら希望を膨らませていた日々には、自分が見えなかった。そうしながらも表面ではおしゃべりで闊達に笑い、貧しさによる劣等感をうまく隠しながら生きてきた。しかし、学生運動に参加するようになって自分の存在が見え始めた。社会的な大義に寄与しようとする意志よりは、劣等感と自分の力のなさを責める気持に陥っていた私が、自信を持って自分自身の存在の大切さを悟るようになったことに何より驚いていた。そしてこのような私自身を肯定するために労働現場に出ていきたかった。私と同じような立場で自分の存在をつまらないと考えて生きている労働者の友だちにも、自分自身の大切さをわからせてあげたかった。

このような私の意志を両親に十分に説明し、話合いをした上で、工場での仕事を始めたかった。けれども母が病で寝込んだ状況では簡単に決めることは難しかった。こうして悩みが続いている間にも家庭教師を四カ所もしながらお金を稼ぎ全部母に持っていった。母は、これまで生活費がこんなに途切れることなく入ってきたことがなかったと言いながら、心が楽になったのか、健康状態も少しずつ良くなった。けれど母の顔が明るくなるにつれ私の顔は暗くなっていった。結局もうこれ以上延ばしていられないと判断して父にだけでも話すことにした。私が、まだ人間ができておらず苦労が足りないので工場に通いながら少しは人間らしくなりたいと言ったけれど、結果はわかりきったことだった。瞬間、父はあきれてうろたえた顔色がありありと見えた。せっかく育ててきたのに工場へ行こうというのかと答打った。決断をしなければならなかった。病魔に苦しむ母を見るたびに心が弱くなり、結局何もできないのだった。そして決断の日、結婚指輪まで生活苦の抵当に取られた母に指輪一つを握らせて、私の誕生日に合わせて家を出てきた。

最後に貰ったアルバイト代で保証金五〇万ウォン、家賃七万ウォンの部屋を借りて入り、自ら新しい人生に向けて勇気ある決断をしたという安堵感と誇らしさを感じると同時に、重い責任のようなものを感じた。急に与えられたひとりだけの空間はがらんと空っぽだけれど、何かわからない希望でいっぱいになっている感じだった。部屋に座っているだけでも何かできるようだった。いまこれ以上どんな葛藤もあってはダメ!

当時、釜山地域の靴工場は「低賃金、長時間労働、強制労働」で悪名が高く、労働者は途方もない労働強化に苦しめられていた。靴産業は韓国総輸出額の六・六%を占め電子、繊維に続く第三位輸出品目になっていたが、労働条件が改善されたといわれる一九八七年以後でも、ゴム工場現場では組長や班長の怒鳴り声、ののしり、ホイッスルの音、生産量達成を叫ぶ放送で耳が裂けるほどだった。こうした靴産業の大部分が釜山地域に偏在しており、釜山労働者の約四〇%が靴工場労働者として働いているという状況だった。

運動仲間の先輩たちとの論議の末に、従姉たちがそうであったように、ゴム工場労働者として生きていこうと

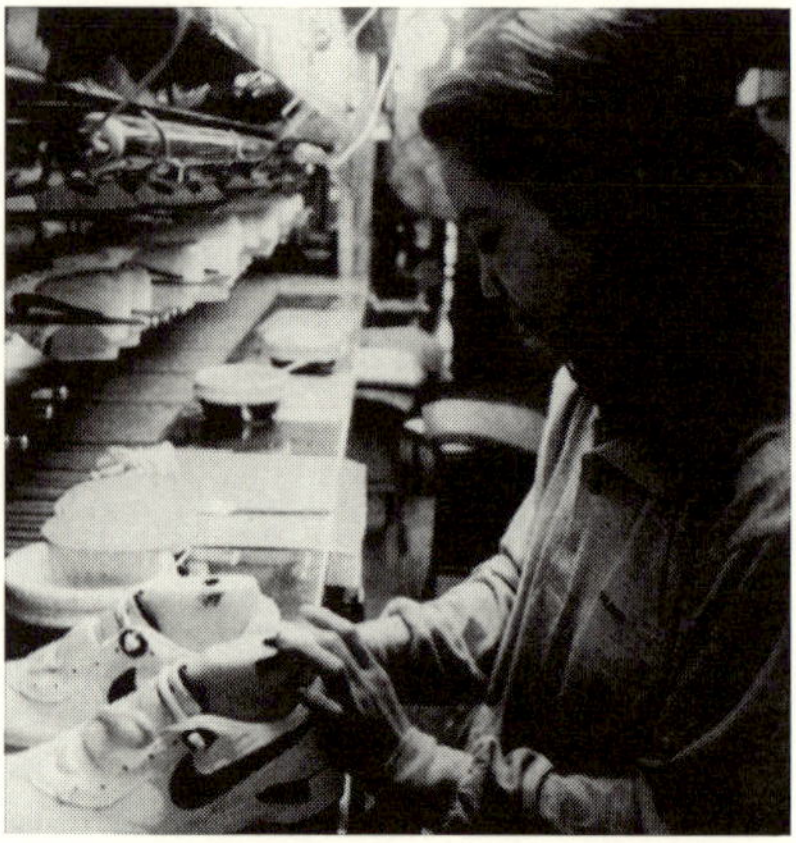

低賃金・長時間・強制労働…。劣悪な条件の靴工場で働く女性たち

決めた私は、まず技術を習うつもりで靴を作っている小さな工場に入った。はじめて見た靴工場は、一言で言えば、世の中にこんなところもあったのかという絶望的な感じだった。六〇代、七〇代のおばあさんたちが半分くらい、中学校に通っているはずの子どもがふたり、四〇代が数人で全部で二〇人ほどの労働者が働いていた。地下にこんな工場があったとは夢にも思わないことだった。現場には一九七〇年代の歌がずっと流れており、年老いた者と幼い者が機械に代わって、穴をあけるために重い鳩目を突き刺している姿はとても痛々しく見えた。そして何より心が痛んだのは一三歳くらいの娘が監督に曜日別に籠絡されていることだった。小学校を出て工場に入ってきたこの子どもたちは、命

じられたままにしなければもう工場では働けないという恐怖にとらわれていた。数十年前にあったような事が一九九〇年に起こっていた。ここで四、五カ月働いたが、一日一日が変化していく世の中とは関係なく、このような日陰で生きている人たちが多いという事実を知って心が重かった。

一九九〇年一一月、八〇〇〇人規模のテヤンゴムに入社した。運動家がたくさん入って来た工場なので、入社時の検査が厳しかったが無事通過した。特別に洗練された美貌でもなく八頭身でもなかったが、名前のほかは、学歴などいろいろな事項をごまかして履歴書を作成し、身分がばれることを恐れてパーマまでやぼったくして変装をした。二カ月ほど過ぎて親しくなった人たちが異口同音に、一九七〇年代の女子工員のようだからもう少しちゃんとしてくるようにと忠告した。後でわかったことだが、変装しなくても私ほどやぼったい労働者はいないということだった。こうして学生出身偽装就業者となった。

当時、学生運動家は工場に行って労働運動をすることが公式のようになっており、私が通っていた大学でも一年に二〇〇人余りが工場に入っていった。そうなると工場就業も難しく、会社は偽装就業者捜索に血眼になった。結局その人たちは六カ月間で半分に減り一年を過ぎると工場に残っている者はほとんどいなかった。労働者の間でも学生出身者に対して始終批判が聞こえてきた。入社三カ月ばかりで労働条件に対して批判し赤いはちまきを締めて現場で闘争をしたため引っ張られた人、煙突に登ってたたかったため引っ張られた人たちの噂話はしても、その人たちの意志はわかるがひとりでそんなことをして何の役に立つかと、関心を持たなかった。とても重い苦しみの後で選択した生き方だったので、彼らのようにそんな風に終わってしまうことは私には想像さえできなかった。ゴム工場では一九七〇年代からすでに堅固な御用労組があり、それを民主労組に変えるために「労組民主化推進委員会」のような秘密組織が形成されていた。私もはじめからこのような組織に加入するよう先輩たちから勧告を受けていたが、このような先導闘争には反対する立場だった。何よりまず本物の労働者にならなければならなかった。幸い一緒に働いている人たちの中には年上のおばさんがたくさんいて、みんな叔母のように従姉のように親近感が持てて一日一日自然に慣れていった。

体の具合の悪い母を置いてきたことが心にかかり、家を出てから六カ月が過ぎた頃、母と電話で話して父には内緒で会ったりもした。私を訪ねてきた母によると、父は娘である私の机に座り、笞で打ったことを泣きながら後悔していたという。工場の月給は大学生のアルバイトよりずっと少ない額だったけれど、懸命に働いて稼いだお金をすべて母に渡した。はじめはこんな僅かなお金を受け取るために苦労して育てたのではないと、お金を投げ返したりもした。胸が痛んだ。そのお金を稼ぐためにどんなに多くの時間、辛く苦しかったことか……。そんな風にすれば私がどんなに辛く気に障るかという娘の訴えに、母は長いため息とともに仕方なくお金を受け取った。工場に通っている間ずっと私の小遣いは一日に一〇〇〇ウォンほどで、その他は全部母に上げた。周りの同僚が、そこまでやらなければならないのか、家の責任を負わなければならないということに対して強迫観念があるのではない

工場の仲間たちの心を１つにする楽しい山歩き

か、と度を越した批判をした。そうかも知れないという考えが芽生えた。まともな洋服ひとつ着たこともなく、友だちと会ってもいつもたかっているだけで辛抱しているのだから。［韓国にはおごりの文化がある。お金を持っている者が払い、持たない者はいつかお金ができたときに払う。必ずしもおごって貰った人におごりを返すということではない。］そこで一度は母に、お金を上げられないと言うと、母は、それがなければご飯も食べられず息が詰まってどうして生きていけるかとひどく嘆いた。それ以後、私はもうこれ以上この問題に触れず、今までのように母に全部渡した。洋服はきれいに洗って着ればよいことだし、友だちもかわいいたかり虫を一匹育てているのを楽しんでいるようだった。

いつも病んでいる母と相変わらず苦しい家の事情を除けば、労働者としての人生はとても幸せだった。工場生活が体質にあっているのか体も健康で肌もぽっちゃりとしてきた。そして奇抜なイベントを開いたりした若いときの才能を生かして楽しいことをたくさん行った。私が属していたラインの四五人全員のために四五個の卵をゆでたり、チヂミを焼いてきてベルトコンベアーに載せて前から一番後ろの人まで公平に分けて食べたりして、ラインの人たち全員の心をひとつにしていった。はじめはおばさんと若い人の間にわだかまりがあったが、少しずつ雰囲気が変わっていった。チョコパイとえびせんで、拍手をしながら誕生日祝いもお膳立てし、父母の日［五月八日］行事もした。おばさんと若い人がペアを組んでおばさんにカーネーションを付けてあげようと、皆で分担して準備をし、昼食時間にパーティを開いたのだ。こうしてラインの人たちが一塊となって団結すると組長たちもむやみなことはできず、悪い組長は自から我慢できずに辞めていった。班長を選ぶときも私たちのラインでは特別に投票を実施して私が満場一致で選出された。

とても用心しながら、ラインの人たちが社会に関心を持つように、ニュースに関する話もした。漢字が読めないのでハンギョレ新聞［進歩的な新聞。この新聞は漢字を使っていない］を読んでいると言いながら昼食の時間に机の上に載せておき、パズルをしたりしながら、ウルグアイ・ラウンドについて説明したこともあった。普段、善良で無学であるように振る舞っていたので、みんなが、思ったより賢いと驚いていた。その後は何かと私に尋ねてくる人が増えてきたので、時間が少し経ってから映画会も始めた。ある日「我々のゆがんだ英雄」を見て、若いときの話をしたり社会に対する話もしてみた。用心深く言葉を選んで話したけれどどんなに胸がどきどきしていたか、今考えても冷や汗が出てくる。それ以後、楽隊を作ったりグループ活動をやったり多様な遊びの種を作り出すと、私は遊びに関心がある人として認識された。どんなに知識がないように振る舞っても疑わしい点はあったのだろう。一度は組長に呼び出されて、大学生たちと夜学をしながら教育を受けていることはないか率直に言え、と迫られたけれど、私が学生出身だとは誰も考えなかった。

一九九二年春、楽しかった労働現場の生活に一度危機が来た。先輩のひとりに問題が発生し、私にまで余波が及ぶことがはっきりしたために工場をやめるしかない状況におかれたのだ。ラインの人たちに理由を説明する余裕もなくそのまま消えるほかなかった。みんな私の家族か親戚のような人たちだったのに心が痛んだ。いつ捕まるかわからない危機意識の中で自分の部屋に立ち寄ることもできなかったために、父に連絡して部屋の整理を頼んだ。その時戻ってきた家の保証金を父が全部持ってゆき、その後も返してくれなかったために、後で再入社するときにはお金が無くて部屋が借りられず、そのまま父母の家から通勤するしかなかった。何をするにも父母が見ている空間で、お互い気にくわなくて争うこともあったが、それでも両親は私と一緒にいることを望んでいたようだ。

こうして工場をやめていらいらしながら三、四カ月が過ぎていった。けれども何事も起こらなかった。別に問題が無いという確信が持てればテヤンゴムに再入社しないという理由はなかった。彼女たちがいるその場に行きたかった。そして何事もなかったように再入社が許された。私が働いていたラインの主任に電話をしてまた働きたいというと、なぜ辞めたのだと言いながら、組長をさせるつもりだからすぐにでも来るようにと、快く承諾したのだった。私がやる仕事は難しい技術を要するものなので、特に歓迎するということだった。私がいない間、ラインの人たちが心をひとつにしてあれこれ役割を果たしていたが、私が再び戻っていくとおばさんたちもものすごく喜んだ。

日増しに現場の雰囲気が暗くなっていった。当時、靴業界全体の六五・一％が釜山にある状況で、ゴム産業に依存度が高かった釜山地域は、靴産業の斜陽化により地域経済が少しずつぐらついていた。一九九〇年代に入って対策の無いまま廃業に追い込まれた靴製造業界などで雇用不安が日増しに深刻になり、釜山地域労働者は大量解雇の危機にさらされていた。実際、一九九一年から一九九二年の間に釜山化学、アポロなど中小企業五〇カ所で不渡りを出したり廃業して、一万四五〇〇余人の労働者が失業した。また国際商事、テファ、ファスンのような大企業の大量人員削減はますます雇用状態を悪化させた。

テヤンゴムも一九九二年に入ると少しずつ操業を短縮したり、ラインを閉鎖することが頻繁になっていた。これからどんなことが起こるか戦々恐々となった労働者たちは、集まりさえすれば不安な話で時間が過ぎるのも忘れた。会社からは公に話はなかったが、確かに水面下では何かが進行していることが感知された。一九九三年一一月三〇日、会社はテヤンゴムと（株）テボンを合併する申請書を商工部に提出したにもかかわらず、労組と協議をしたりそのような事実を公表したりせずに、自然減員を誘導しながら、人員削減を秘密裏に進行させていた。けれども外部から情報を入手した活動家た

お互いが大切な存在であることを分かち合える働く仲間たち

ちは、何か対策を考えなければならないだろうと結論を出した。実際に現場の雰囲気に不安を感じた若い人たちは退社を焦っており、たたかうことを決定したときには組合員が一三〇〇人ほどしかいなかった。

少しずつ暗くなっていく空気に感染でもしたように、胸が締め付けられ始めた。いつかはこうした状況にぶつかってしまうということは予測されていた。私が労働者として生きようとしたことは、単純にお金を稼ぐためではなかったという自覚が今さらのように重く感じられた。大学に通って学生運動に参加しながら少なからず頭の中に入った知識で、労働者を助けてあげようとか教えてあげようとかといういいかげんな思い上がりでもなかった。単に貧しいということだけで何か罪人のように思われ、ただ何も持っていないという理由で差別を受けて、労働に見合うだけの対価も十分に受け取ることができず、再び貧しさを繰り返すほかない社会構造の中で、私ができることが何であるかを探したかった。私は、自分もこの束縛から自由になることはできず、自分をつまらない存在だとだけ考えて生きてきた彼女たちとともに、私たち一人ひとりがどんなに大切な存在であるかを分かち合いたかった。あのようにチヂミも分け合って食べ、チョコパイで誕生日パーティをしてきたのだから、時間をかけて私たちの心がお互いに近寄り触れ合えればできることだった。

けれどもそのために大事な私たちの働き場所は、不当に蹂躙されていた。労働者の権利を守るべき労働組合は、御用組合で有名無実になっており、資本家側は労働者に何も言わなかった。これは違う。私たちも知るべき事は知らなければならず、守るべき事は守らなければならいのだから、たたかわなければならないのだ。私は今こそ、私のささやかな勇気が彼女たちに力となるだろうという確信が持てた。そして私自身に問うた。「お前はたたかう準備ができたか？」

状況が緊迫しながら動き始めた。現場の中で集まりを持っていた二〇人の活動家と、現在の状況について認識を共有しながら「テヤン組合員生計保障のための非常対策委員会」を結成して、たたかう時点に来ていることを決議した。私は喜んで先頭にたってたたかうと宣言し、闘争の前面に出ていった。けれども私をはじめとした三人の学生出身者たちは、身分がばれた場合たたかいの性格が歪曲される恐れがあったので、「非常対策委員会」代表にはならないことに合意した。そして私には当日に司会をする仕事がまかされた。一二月二〇日、昼食時間を利用して食堂に集まるようにラインごとに知らせると、九九パーセントの組合員が出席してストライキに入っていった。要求条件は、①生計保証一年分支給せよ、②移転、合併を撤回せよ、③操業短縮前三カ月間の平均賃金基準で退職金を算定せよ、④賃金、退職金などを一時払いで支給せよ、⑤雇用承継を保障せよ、などであった。

司会をするはじめての日、私はどきどきする胸をつとめて押さえつけながら準備した通りにことを進行させていった。足かけ四年に及び、私の人生すべてをかけて与えるつもりで真心からいとおしみ愛した同僚たちであった。彼女たちと一緒であれば何でもできそうで、たたかいの仕上げもうまくやりたかった。いつもは私をお節介な労働者とだけ思っていた同僚たちは、上手にできるように私への激励を惜しまなかった。そして予想以上にうまくやったと言ってみんなが信頼してくれた。

次の日から一〇〇〇人余りが屋外で集まり、先頭に立った私について一斉に会社に入っていった。会社の庭で集会を持つうちに、闘争の意志が高まっていった。四日目には出勤を阻止する戦闘警察隊の暴力的な行為があった。それに怒ったおばさんたちが二時間ほど道路を占拠して一七人が連行され、ふたりの代表が拘束される事態が発生した。そのときおばさんのひとりが、前にいた私をお婆さんのように変装させてみんなの中に隠してくれたお陰で私は捕まらなかった。

たたかいのさなかに見せてくれたおばさんたちの姿は、生涯忘れられない感動であった。グループ活動をするとき少しずつ集めておいた三〇万ウォン余りの闘争基金ではまったく不足していることがわかって、おばさんたちがだれかれ無しにお金を出したので、一日だけで一〇〇万ウォンという大金を作り出した。一人ひとり持っているお金をすべて出したおばさんたちが多かったのだが、当時月給が二〇万ウォンほどであったことを考えれば、途方もない大金であったわけだ。ふたりの代表が拘束されて弁護士費用も必要であり、その家族を食べさせなければならなかったので、再び五〇〇〇ウォンずつ集めて七〇〇万ウォンを超える基金を集めたりもした。悪口をよく言う人と呼ばれていたあるおばさんは、たたかいの最中自分の娘の結婚式が翌日であるのに徹夜籠城をし、夜一二時になると娘の結婚式を終えたら戻ってくると言って鉢巻きを預けておいて出かけ、結婚式が終わるやいなや真っ直ぐ籠城の現場に駆けつけた。またあるおばさんは自分の姑が重病にかかっているのでご飯を準備しなければと言いながら、明け方にご飯を準備しに行き戻ってきた。ストライキははじめてやった辛くて恐ろしいことなので、言い訳を言って抜けることもできないわけではなかったのに、すべてこんなやり方で、急なことがあればいろいろ報告をして出て行きまた戻ってきた。徹夜籠城に入り、翌日会社が門を閉ざしてしまうと、海苔巻きなどを中にいる人たちに差し入れたので、食べ物が山盛りに積まれ、食べ物の心配はないほどだった。おばさんたちは「老いた労働者の歌」などを習いながらシュプレヒコールを繰り返した。この工場に三〇年通いながらいつも萎縮して働いてきたが、はじめて管理者たちとまともにぶつかってたたかったり、社長室のドアを蹴ってみる経験もさせて貰って有り難い、と言ったおばさんもいた。この時一緒に行動したおばさんたちに対する信頼は、私にとって生涯の大きな力となった。

　若い仲間がたくさんやめていきほとんど年取ったおばさんたちだけ残っている状態だから、早くけりがつくだろうと考えていた会社は、意外な抵抗に驚きながらいろいろな手段を動員して闘争の隊列を散らそうと試みた。その後、会社に戻ってきて仕事をしなければ年次手当を出さないという会社側の分裂工作にだまされて、多くの人が現場に復帰し、二〇〇人余りが残るだけになった。そこで非常対策委員会は、現場に打って出て、職場復帰した人たちともう一度一緒に働きながら闘争を継続することを決定した。

闘争は新年の連休期間を利用して御用労組が印を押すことで終わりとなった。それ以後現場のおばさんたちは管理者に堂々と声を張り上げながら働くようになり、会社はまるで解放区のように自由な空間になったが、生産量がうまく伸びず、会社は計画を少し繰り上げて二月中旬頃に廃業してしまった。

靴産業は斜陽化していったけれど、私は一生をゴム工場労働者として生きていきたかった。そのうちに世の中が良くなれば工場管理者になって幸せな職場を作ってみようという夢があった。その素朴な希望に同意していたわけではないけれど、グループ活動を一緒にしていた同僚たちは私とともに再び靴工場に入ってくれた。事実、特別な才能があったわけでもなく、食べて生きていく問題を解決するためには他の選択はなかった。しかし同僚たちと入った靴工場もいつ廃業するかわからない状況であり、大多数の靴工場が門を閉める状況になったので、ほかの業種に行く事を決めた。こうして入った所が繊維業であるセジョンアパレルであった。そこで五年余り働きながら全泰壱《チョン・テイル》のように私も裁断師になろうと決心し、ひまを見つけて裁断技術を習い三年余りシタ［見習い］をやって、ついに裁断師になった。けれどセジョンアパレルもやはり低賃金に加えて残業まで強制する劣悪な条件の事業所だった。ある日、年を取っているという理由でおばさん一〇数人を解雇するという事が起こり、同僚と一緒に集団行動をして結局解雇を撤回させたこともあった。当時労働組合はあったけれど御用組合で、これを民主労組に変えようという同意書を集め、みんなで代議員選挙に出馬して三分の二が私たちの側の代議員になり、副委員長まで担当するようになった。私もやはり代議員として出馬し当選した。

こうしたある日、母が倒れて病院の集中治療室に入院したという連絡を受けた。母はテヤンゴム闘争があった頃、家に来た警察に「うちの娘ミヤに悪いことはひとつもないのに、お前たちはこんなところまで来て、何をしようっていうの」と大きな声で叫んだという。自分には学歴が無いという劣等感があって銀行に行くことさえ嫌がり、すべてをかけて期待していた娘が工場労働者として生きていることを哀しんでいた母であったので、こうした行動をするには大きな勇気が必要であった。その母が、今自分では何もできずに、誰かの助けなしにはトイレにも行けない状態になっていた。母方の祖母が脳出血で倒れてから三年後に亡くなったので、母の病気も長く看なければならないと思った。私はこれ以上工場に通うことはできなかった。看病をする人が私のほかにおらず、当然そうしなければならないと考えた。けれども一方では工場に通えないことだけではなく、何もできない私の立場が憂鬱に感じられたが、それも仕方がないことだった。母の看病を決めた反面で、仕事に対する焦りは何度も私を泥沼に陥れた。そうした悩みに陥っていたとき、四月総選挙が近づき、私は少しでも時間を作って私ができることをすることが生活に活力を与えることだと判断した。そして私が住んでいた地

世代を超えて、一緒に楽しく希望を持って！

区の民主陣営候補のために、明け方集中治療室を出てチラシを配り、夜には選挙運動もやりに通った。祖母のように病気が長くなると予想していたのに、母は入院してから四日だけでこの世との縁を切ってしまった。私に、苦しい生活の中でも懸命に生きなければならない理由を説き、友だちのようにすべての悩みを共有し、終わりには娘のすべてを受け入れて支持してくれた母が、今はこの世にいなかった。数日間の看病が憂鬱で、あちこちほっつき歩いたことをいくら後悔してもしきれないほど母に申し訳なかった。母さん、天国は平安で幸せですか？

結局工場を辞めなければならない理由がすべてなくなったが、私はまた工場労働者として戻っていくことはできなかった。母の看病が長くかかると判断してその条件に合わせて仕事を調整し、工場での役割はすべて整理してしまったからだ。こうして少し違う方向にやっとの思いで一歩踏みだしたが、それは決して大きく違う歩みではなかった。

今の才能教育教師労働組合の仕事をするようになるまで過去数年の歳月は、平穏な時間ばかりではなかった。釜山地域労働者会の活動をしながら、組織から派遣された形でソンド運輸労組幹事として働き、パクさんではなくパク君と呼ばれるほど荒っぽい現場で最善を尽くして活動してきた。そして零細企業の非正規職労働者のために釜山地域一般労組の結成に参加した。ところが才能教育教師たちが労働組合を作り活動する姿を見て、長い間家庭教師をしてきたことを基礎に、子どもたちを教えることをしたら良いのではないかと判断して、才能教師になることを決めた。それは二〇〇〇年一月頃のことであった。

学習誌教師の仕事は面白かった。子どもたちと一〇分から二〇分ほどの短い時間会って、勉強して別れるのだが、私は子どもたちと楽しく勉強し、父母との関係もいつもうまく穏やかにできた。けれど教育者だといわれるのもぴったりせず営業社員と言われても適当でない学習誌教師の仕事は、勤務条件がとても劣悪であった。重い鞄を背負って一日に多ければ四〇余りの家を訪ねなければならず、会員管理だけでなく業務処理と会費集金、会員を増やすことなどがすべて教師の任務だった。そうすると夜一一時を過ぎて帰宅する場合が多く、さらに電話相談に応じなければならないのでストレスがまたひどかった。だから教師たちの平均勤務期間は六~八カ月がせいぜいだった。

一九八七年以後、全国教職員労働組合が創設され、学習誌教師の間でも労働組合に対する必要性が当然提起された。そうして一九九九年一一月才能教育教師労働組合が設立され、以後、教師たちの参加が増えて、一時は、七〇〇〇人の教師のうち四〇〇〇人が組合員であるほど組織が拡大した。けれど会社側は二度のストライキを経験して労組をなくすことに汲々としており、二〇〇一年七月ストライキ後に労組幹部の賃金と組合費を仮差し押さえして、幹部たちを解雇した。このような会社のさまざまな懐柔と弾圧で現在組合員数は急激に減っており、何より急を要する問題は、労働組合に対する弾圧を耐え抜くことだ。

昨年まで私は、全国才能教育教師労働組合嶺南《ヨンナム》支部組織部長だった。仕事自体の難しさもあったが、

「学習誌教師は労働者です。勤労基準法の適用を！」

組合員に対する不利益と組合に対する弾圧が続くと、教師たちが組合を離れていき始めた。私は私の経歴と、みんなとうまくうち解ける性格のせいで労働組合の幹部になり、嶺南地域を歩き回って組合員に会ったり、新入組合員に対する教育を進めていった。子どもたちを教えるために歩き回り、また組合の仕事をするので全国を歩き回らなければならなかった。やはり、いつもあちこち当てもなくさすらうようになるという厄運である「ヨンマサル（流浪の星回り）」であるかも知れないと思いながら笑いがこぼれた。

昨年（二〇〇三年）一一月、全国才能教育教師労組四期役員選挙で事務局長になった。職場自体に縛られない長所があり、家庭教師をしてきた経験を生かしてお金も稼ぐことができると考えて選択した学習誌教師の仕事が、今私の人生の一番の関心事となった。そして会社側の不当な行為に対して粘り強くたたかったりして、いつの間にか「怖い人」になっていた。時折自分の不運を嘆く愚痴が出てくる時があった。生まれつき、たたかうよりは面白くて楽しい遊びに熱中する性格であったのに、いつからか私はいつも紛争の中心から抜け出せずにいた。次の日にある闘争のために眠れなくても、いざ現場に行けば、そこで感じられる暗い現実が私のエネルギーを引き出し、私を戦線に立つようにさせるのだった。このような日、家に帰る道はほとんど死んだような状態になった。ため息が歌となり自分の不運を嘆く歌が流れ出てきて叫びとなると、一緒にいる人たちはいつも私にこのように言うのだった。

「あなたがとても辛いということを私が知らないわけじゃない、そうじゃない？　それがどんな人生か、みんなあなたが選んだ道でしょ。死ぬ前には幸せになる日があるんじゃない？　私はあなたのそばに付いていてさえいれば、いつかはあなたのお陰で温かいご飯を食べられる日が来ると確信している」

力になる言葉だ。

小さな恋愛一つろくにできなかったけれど、人生は何事もないと言うにはあまりにも美しい。そのことが今日も私が生きていく理由だ。私の小さなたたかいがどの人にも力になることを願い、またそれが再び私の力となって戻ってくることを願う。

〔翻訳〕小池恵子

第四章　自分はもう生きてはいけないと思った

パク・テヨン（朴泰連）略歴

一九五五年　大邱《テグ》市慶尚《キョンサン》郡慈仁面《ジャインミョン》で生まれ、一五歳で新興織物（大邱所在）の労働者として工場生活を始める

一九七三年　YH貿易に入社

一九七五年　YH貿易労働組合が結成され、争議部長として労働運動を開始

一九七七年　労組事務長を歴任

一九七九年　一〇月一一日、廃業撤廃新民党舎闘争で逮捕、懲役一年に執行猶予二年を受ける

一九八一年　八月、全民労連の活動で再び逮捕され、懲役二年に執行猶予三年を受けて出所

一九八四年　三月、韓国労働者福祉協議会の結成に参加

一九八八年　ソウル地域労働組合協議会の組織に参加、事務次長を務める

一九九一年　富川《プチョン》女性労働者会会長として女性労働者運動を始める

現　　在　富川女性労働者会会長／富川自立支援センター館長

ただ走ることしか知らない汽車があった。そんなに走ってばかりいれば、車輪は磨り減り、ネジ穴のいくつかは耐えかね、ネジ自体がおさまっていられなくなることだろう。そう、勇気を出さなければならない。つねづね休みたいと思っていた汽車は臨時駅に停まり、息を切らしてこれまで歩んできた道を振り返った。走ってばかりいたときは気がつかなかった美しい風景が、眩しく目に入ってきた。汽車は幸せだった。そして、いつかまた走れるような気がした。小学校を卒業し、工場に入って労働者として、労働運動家として、女性労働者運動へと生きてきた三〇数年、パク・テヨン会長はときおり後ろを振り返る。そうすると、そこに彼女のあらゆるものがある。現在の困難を克服していく理由と今日のやり甲斐と明日の希望までが。

大邱《テグ》を出発したバスが最後の停留所に入るところに彼女の故郷がある。慶山郡慈仁面《キョンサングンジャインミョン》の小さな田舎。一九五五年、五人兄弟の末っ子として、母が四五歳［韓国の歳は数え年で表現される。以下の年齢も同様］のときに思いがけずこの世に生を受けたテヨンは、義理の姉を母だと思って育った。兄弟たちと歳の差があり、可愛がられて育ったうえ、家も苦しくはなく、彼女は悩みも困難も感じることのない子ども時代を送った。一〇人兄弟の末っ子で着の身着のままに分家し、最後は自分の土地を耕すぐらい勤勉だった両親のおかげだった。

「私を妊娠したとき、腹がもたれ、よくない物を食べたのかなあと思ったそうです。その歳で子どもを宿すとは夢にも思いもしなかったのでしょう。ちょうど上の兄が結婚するころで、物笑いの種になるからおろそうと思ったけど、うまく行かなかったそうです。義理の姉が嫁ぎ先に来てみると、姑が子どもを産んだのでした。そんなわけですから仕方ないでしょう。来るとすぐに、子どもを産んだつもりで高齢の姑の代わりに義理の姉が私を育てました。私にしてみれば、若い母も歳をとった母もいて幸せでした。大人たちが仕事をすべてやるのだから、私に何かすることがあるでしょうか。たまに飼い葉を採りに行き、田んぼにご飯とお酒を届け、何度か板の間を拭き掃除をすること以外は骨の折れることはしたことがありませんでした」

上の姉は小学校を出ただけで字をよく書き、部屋貸しをするときには皆がその姉を探した。しかし、娘たちは教育すると碌なことにならないと考える父のせいで、姉たちはすべて中学校にも行けず二〇歳を過ぎると嫁に行かなければならなかった。勉強ができなかったことを恨めしく思っていた上の姉は、末っ子だけでも勉強させようと父を説得したが、父は最後まで反対だった。それで、田舎で農業の手伝いをして嫁に行くより、いっそ都会に出て工場にでも勤めるのがいいと、姉たちは小学校を卒業したテヨンを父に内緒で大邱にある縫製工場に入れた。

「私の家の娘たちは、少し変わっているのでしょう。私も勉強したいという思いで、一も二もなくすぐに家を出ました。ところが、工場というところに入ってみると、どんなにか恨めしいことも多く、辛いことか、私のあだ名は泣き虫でした。些細なことで涙が溢れ出ました。その頃の労働者への待遇は、非人間的なことが多かったですよ。ああ、社会というものはこういうものなのだなあ、と思いながら、どんなに泣いたか知れません。そして、同じ作業を機械のように繰り返さなければならないということがどうしても耐えられず大変でした」

まだ世事に疎い幼い歳で、何が何だかわからず、不安になって大粒の涙を流し、女工という名で呼ばれなければならない年頃の女性労働者がいた。兄の学費を送るために、家族を食べさせるために、届かない背で背伸びしながら、機械の間をひょいひょいと飛び回らなければならなかった幼い娘たち。幸いにも一緒に行った友人に比べると、事情はましで、ただ勉強がもっとしたいという思いで選んだ苦労だったので、耐え難いものではあっても、欲張りで負けず嫌いなテヨンは必死に耐えた。

「その歳で何がわかるでしょうか。生理の処理のようなものさえうまくできずにトイレで大泣きしていると、同じ会社に勤めていた姪のオチョンが生理用品を買ってきたりしてくれました。姪だったが、歳が私と同じでいつも姉さんのようによくしてくれました。そんなに大変だったのに、どうやって耐えたのかわからない。当時は交通費が五、六ウォンだったが、それさえ惜しんで歩いて通うほど無駄遣いをせずにこつこつ貯めました。そして、家に帰って戻る時には、行くなと言いながら私をつかんでいる母も泣き、もっといたいと言って私も泣いたものでした」

ここで駄目になったら一生何もできないような気がした。そんな覚悟があったからなのか、人よりミシン（特殊ミシン）に先に触れ、夜間残業までやって学校に通った。学校といっても教会で運営する公民学校程度だったが、それでも学ぶということが彼女には希望だった。朝七時に出勤して一二時間勤務が基本だったので、学校に行くと夜の八時だった。そして、時には夜の一一時に授業を終え、再び早朝四時、五時まで徹夜残業しなければならない日もしょっちゅうだった。しかし、仕事が多くなるにつれて行けない日が増え、それさえも八カ月通ってやめるしかなかった。

「そのとき初めてスランプになりました。生きる目標がなくなったので、生きたいという気にもなりませんでした。六歳のときから熱心に通った教会も行かなくなりました。ただ勉強をするという一念で苦労してきたのに、果たして神様は本当にいるのだろうかと恨めしく思いもしました。そのことがむしろ辛かったです。何事にも生きがいを感じることなく、機械のように生きているのでした。私は性格上そんなことはできないたちでした。それで、教会にもっと熱心に通うようになりました。仕事が人生をかける価値あるものではなく、勉強も目標でなくなったが、それでも生きていかなければならないという結論を下したのです。早朝の祈りにほとんど一日も欠かさず通いました。必ず聖書の三章ぐらいは読んで出勤するという決まりを作り、これも欠かさずやりました。私には何かに没頭するきらいがあり、皆が完璧症だというほどでした」

いつも神様の懐のなかにあり、何をするにも教会の影響が大きかった

彼女がすることはいつも神様の懐のなかにあり、何をするにも教会の影響が大きかった。会社も教会の長老［宣教および教会の運営にかかわる教会の職責］が運営するところを選び、学校に行けるようにしてもらうだけではなく、教会に行けるように日曜日を休みにする条件で入社した。それで、一日に一時間ずつ余分に働き、月給も少なかったが、喜んで受け入れた。しかし、仕事がたまってくると、学校どころか教会に行く時間も簡単にはとらせてくれなかった。徹夜残業が日常茶飯事になるほどに仕事が辛く、作業環境が改善される兆しも見えないうえに、賃金も横ばい状態だった。そうすると、年嵩の先輩たちの間から起こりはじめた不満が全体へと広がって皆で作業を拒否し、寄宿舎を出てしまう事態になった。

「それが多分一九七二年頃でしょう。約五〇人が一緒に行動するのですが、三、四人ずつ分けて自炊部屋や教会のようなところで寝て、一緒に山で会って会議をしたりしました。捕まえられて連れ戻されるかもしれないという噂もあって不安もありましたが、一方では何であれ、自分たちの主張ができることに浮かれていたりしました。結局月給も上げてもらい、働く時間も一〇時間に減らすと言うので、再び働くようになったけど、リーダー格の先輩たちは皆退社してしまいました。辞めることを覚悟して闘ったので、魂が抜けたようになったみたいでした。それで、私たちも自然に仕事が手につかず辛かったのですが、その先輩から連絡が来ました。ソウルに上京して来ないかと……」

一九七三年ソウル、鷺梁津《ノリャンジン》……、そして鳥小屋のような小さな工場は、まるで地獄のように非人間的だった。頭を思いのまま上げることも、腰を伸ばすこともできない狭苦しい空間で一日中働いて、夜になるとそのまま倒れるように眠るのがいつものことだった。こんな暮しをしていてはひと月も経たずに死んでしまいそうだった。一日でも早くそこから抜け出したかった。そんなとき、知り合った先輩の紹介でYH貿易のある担当者と繋がりができた。当時は朴正熙《パク・チョンヒ》政権の輸出政策によって各工場で人手が不足し、ほかの工場から労働者を引き抜いていくのが日常茶飯事だった。

「とにかくすべてを捨てて来いというのでした。必要なものはすべて買ってやると。とてもひどい状況だったので、当然行こうと思いました。しかし、そんな中でも条件は出しました。夜間作業をさせないこと、教会に行かせることなど。そう言うと、わかったと言ってきました。ところが、ＹＨに行ってみると、建物がものすごく大きく、人間も多く、寄宿舎もきれいで、すぐに気に入りました」

カツラと縫製品を中心にして電子製品と手袋を生産していたＹＨは、当時でも四〇〇〇人の従業員のいる大きな会社だった。しかし、労働者の九〇％ほどを収容する寄宿舎は、当時は労働者を時間的に自由に活用できる便利な施設として利用されていた。仕事を終えてもベルが鳴れば、再び働きに出る日がしょっちゅうだったし、だんだん夜間残業が多くなり、少なくても一週間に二回は徹夜残業をしなければならなかった。

一年後の一九七四年のある日、一緒にソウルまで来て働いていた姪が、健康診断の結果、肺炎という診断結果が出て田舎に帰らざるをえなくなった。遠い異郷で日々辛い労働に追われながらも耐えられたのは、教会に行けることと、一緒に田舎を思い出せる姪がいたからできたことだった。それで、テヨンを置いていかなければならない姪も、姪を送り出さなければならないテヨンも、どちらも心のなかにぽっかり穴が開いたようで別れるのが辛かった。

「一人で送り出すことができずに、一緒に上京してきた高速バスのなかで二人抱き合ってどんなに泣いたか知れません。そうやって姪を家まで連れて行き、私だけ戻ったのでした。そのときは、職場での生活をもう少しやりながら結婚資金ぐらいは貯めてから帰って来ようと考えていました。それが運のつきでした」

翌年六月のある日、出勤しようと寄宿舎から会社に行こうとしていた彼女は、はじめて見る光景にドキッとした。一方には解雇者たちと全国繊維労働組合本部（以下、繊維本部）の人たちが立ってスローガンを叫んでチラシを配っており、もう一方には会社の管理職たちが労働者のもらってきたチラシを取り上げていた。挙句の果てにデモ隊を解散させ、解雇者たちを引きずっていく光景も繰り広げられ、とても暴力的な状況で恐くなった。

何日か前の五月二四日、三回の失敗の後にＹＨ貿易労働組合（支部長チェ・スニョン、副支部長イ・ジョンオク、イ・ミョンスン、事務長ミン・キョンエ）が結成された。労働者たちに好意的だったハン監督の人事異動に抗議して作業拒否したことが口実にされ、乾燥班の組長たちが警察に連行された事件が始まりだった。その後、彼らを中心に労働組合結成の試みが行われ、四人が解雇されたが、結局そういうことになったのだった。

どうしてそんなことが起こったのか。気になったパク・テヨンは、チラシ一枚を隠し持って行ってトイレで息を殺して読んだ。しかし、労働組合が何なのか、どうして必要なのか、生まれてはじめて聞くことなので、なかなか信じられなかった。そんなことは本当に「アカ」がすることだと思っていた。実際、会社は一日中「龍馬山《ヨンマ》から不純分子が下りてきて、皆さんを誘って反乱を組織しようとするので、決してついて行っては駄目だし、見てもいけない」と放送で流しつづけていた。

「今ならそんなこと信じるでしょうか。ところが、当時は皆が本当だと思っていました。それで、一日中不安でたまらなかったのですが、その日の夕方、寄宿舎を出てトイレに行こうと出てみると、ドアの前に『労組について知りたければ、二〇四号に来い』というビラを見たんです。好奇心の強い私が行ってみると、靴もないし、電気も消えていました。それで、そのまま通り過ぎようと思っていると、ドアが開いて入って来いというのです。その狭い部屋に電気もつけずに人々がぎっしり座っていました。そこで初代教宣部長だった人が、声をひそめて演説をしていました。労組が結成されたが、多くの人が加入してはじめて会社が認めるようになるとのことでした。そこで、私がそれじゃ加入申請書を回せばいいじゃないですかというと、それが知れると首を切られるというのです。その瞬間、ハッとしました。正しいことのようだけど、参加してもいいのだろうかと思ったのです。私の考えでは、工場のラインで親しい人を中心に加入申請書をもらうなら難しくないと思いました」

彼女は教会に通っているうえに、仕事も真面目に一生懸命したので、彼女が好きで親しくしている人も多かった。彼女が加入申請書をもらった人はすぐに三〇〇人ほどになった。そんな彼女の熱意のせいなのか、労組は彼女に労組幹部になることを提案してきた。もちろん、心の準備が十分でなかったうえに、急に言われたことですぐに断ったが、彼女の心は揺れた。

あの解雇者のように引っぱられることもあるし、殴られることもあるだろうに、そんなことを担えるだろうか。イエスを信じる人間が、踏みつけられている同僚にそっぽをむくことができるだろうか。参加することが神様のお考えだろうか。知らないふりをするのが神様のお考えだろうか。考えることと行動することの中心にいつも神様がいた彼女だったので、祈り、また祈った。しかし、とても大きな心の葛藤のせいで、祈りさえもきちんとできなかった。教会の牧師とも相談したが、それを絶対正しいというのは難しいと言った。だったらその人たちはアカなのかと聞くと、そうではないと言った。

悩んだすえに結論を下した。彼らがアカでないなら、この仕事はとても大切なものだし、誰かが先頭に立ってやらなければならないことだ。教会一〇〇年史にあった殉教者たちの話を読みながら、チュ・キチョル牧師のような方を敬いもしていた彼女には難しいことではあったが、そのために思い悩むのは耐えられないことだった。それに、初めて繊維本部が準備した教育を受け、大きな勇気を持てるようになっていた。

「その頃、寄宿舎に外出禁止が下りていましたが、私はもともと真面目に働くうえに教会に熱心に通っていたので、聖書を抱えて外出したから出してくれました。そうやって騙して出ることにもとても緊張しました。そのうえ、弾圧を受けている労組の教育だったので、とても気疲れしていました。いずれにせよ、その教育を受けながら、労働者にとって労働組合はなくてはならない組織だという確信ができました。そして、労働者問題は誰も解決することができず、労働者自らが権利を獲得しなければ駄目なのだと結論を下しました」

一九七五年七月一日、労組設立申告をしてほぼ一ヵ月後に許可証が出ると、会社の監視を避けて支部長の自炊部屋で労働組合組織を急ぐ作業が進められた。その会議でパク・テヨンは争議部長になった。

「同じラインの人だけではなく、友だちまでが裏切られた気分だと言って驚きました。いつも一生懸命仕事だけをし、教会のことに熱心なので、そんなに積極的に労働組合活動をするとは思わなかったのでしょう。そのうえ、争議部長というポストにまで就いたのだから。実際その頃は、労働組合を知って始めた人は珍しく、私のような人間まで幹部になるほどだから、すべてが大変でした」

それは、それから繰り広げられる長く苦しい労働運動の道にはじめて足を踏み入れたことを意味した。私がやらなければと、拳骨で脅されたものでもなく、何かの保障を約束されたものでもなかったが、労働者として、女性として生きていきながら背負わなければならなかったあらゆる蔑みと非人間的な労働条件は、パク・テヨンだけではなく、その時代の多くの娘をして旗を立てて守らざるをえない状況へと追い立てていた。

苦労して労働組合は結成されたが、労使協議会さえ拒否してくる会社側の妨害は労組活動そのものを萎縮させた。しかし、労働組合員の意識水準がまだ低い状態であることを考え、労組はしばらく不利な立場に甘んじながら、会社側と協調的な関係を維持していった。そうしているときに発生したボーナス闘争は、労組だけではなく、パク・テヨンにとっても重要な転機だった。

ボーナス闘争の顛末はこうだった。一九七五年九月一八日、第三回労組協議会の結果として二〇〇〇~三〇〇〇ウォンほどの秋夕《チュソク》［日本のお盆に相当］の餅代が支給された。月給の一〇%にもならない金額だったが、はじめてもらう餅代だったので、組合員は歓呼の声を上げて喜び、会社に感謝する気持ちだった。ところが、同じ日に管理職社員に一〇〇%のボーナスが出たという事実が明らかになると、組合員はひどく馬鹿にされたという気持ちを抑えがたかった。が、すぐに秋夕の休みに入ったため、その問題はうやむやになってしまった。しかし、そのような差別を受けたという思いは、組合員個々人に消すことのできないものとなり、彼らは同じことを繰り返されたくないと思ったことだろう。

再びめぐってきた年末のボーナス支給について労組は、生産現場の労働者を見くだした会社の態度は二度と許せないという結論を下し、闘争に入った。法を踏み外さない範囲内で、ボーナス支給に合意するときまでという原則を立て、朝礼に参加せず、延長勤務を拒否し、休日勤務をしないことを決定した。そして、初日である一二月二七日、はじめての団体行動に不安だった組合員は、残業拒否に一糸乱れぬ態勢をとることが難しかった。しかし、初日の失敗を反省して心を引き締めた翌日、日曜勤務を一斉に拒否する成果を上げた。すると、年間輸出計画に合わせて年が明ける前に計画量を生産し、輸出しなければならない緊迫した立場におかれた会社側から緊急に労使協議を要請してきた。そ

寄宿舎は、組合員団結のための重要な場所だった

して、一二月三〇日に会社創立後はじめて五〇%のボーナス支給が合意され、ボーナス闘争は成功を収めた。このことで組合員は、自分たちもできるという自信を持てるようになり、皆感激の涙を流した。百の言葉による教育よりも貴重な経験だった。

「そのとき、組織というものがどんなに大切なものか骨身に染みてわかりました。どんな困難があっても、私たちが団結さえすれば、できないことはないのだなあという自信が生まれました。その日の感激は、たぶん死ぬまで忘れられないことでしょう。組合員の士気が天を突き、組合に対する関心も高まりました。当時は、政治的に厳しい時期で、会社が強硬に出てきたので、無理な闘いはしなかったようです。困難な闘いを無理矢理やって潰されるのではなく、小さくても必ず勝てる闘いをしたので、組合員の組合に対する信頼はかなりいい線まで行ったと思います」

パク・テヨンは、過ぎ去ったことを振り返ると、自分の人生に教会があったので運動もできたという思いがある。そしてもうひとつは、クリスチャン・アカデミーでの教育とそこで出会ったシン・インリョン教授で、彼女が労働運動家として生きていくのにもっとも大きな影響を与えてくれた。一九七六年から始まったこの教育は、カン・ウォンリュン牧師とシン・インリョン教授たちが四泊五日の日程で行ったもので、主に幹部たちを対象にし、民主的な労組とは何か、労働組合の組織活動がいかなるものかを学ぶプログラムだった。教育後の寄宿舎は、それこそ討論の場および小集団活動の場となり、食堂は発表の場となった。組合員が労組を信頼することができたのは、闘いに勝利しただけではなく、このように何かひとつを決定するときにも組合員がみんな参加するような方法をとったからであり、寄宿舎というところは、それを可能にするのに大きな助けとなった。こんなことが再び会社を刺激し、ついに寄宿舎の再配置問題が発生した。

現場労働者の九〇%が寄宿舎生活をしており、各班の班員同士がひとつの部屋で生活していることが、労組の組織力強化につながると判断した会社は、寄宿舎の人員配置を全面改編すると一方的に通告してきた。

「私は一九七七年七月に事務長になりました。当時事務長だったミン・キョンエが、妊娠して退社するときに私を強く推薦してくれました。事務長は対内外活動を主にするのだが、果たして私にそれらを担当する能力があるだろうかと自信はありませんでした。それで、最初は固辞しました。そのときは教会に熱心に通っていたときだったので、この十字架を私が背負わなければならないものかとずいぶん祈りました。結局私が事務長になって活動する間に私のために誰かが不利益を被ったら、誰が何と言おうとその職務をやめるという条件をつけて事務長になりました。そして、いくらも経たずに支部長が東京で開かれるTWARO［アジア太平洋地域繊維労働者組織］女性セミナーに参加している間に、会社側から強引に寄宿舎再配置問題を通告してきたのでした。私がまだ仕事の処理に慣れていなかったから、その隙を狙ったのです。内心とても慌てました。支部長がいない状況で、私が組合を指導していく立場になり、その責任を重く感じました」

えらく悩んだすえに結論を下し、頑張ろうと思っていたときにぶつかった最初の試練だった。労組は、それを即刻拒否することにし、日曜日だった翌日には組合員全員が外出してしまった。そうすると会社は、月曜日の朝から現場の作業を中断させ、強制的に寄宿舎生を寄宿舎に押し込んでおいて、新たに割り当てた部屋に入ることを強要した。しかし、各部屋のドアに鍵をかけたまま拒否したところ、会社側は管理職社員と男性社員を動員して鍵のかかったドアを金槌と足蹴りで壊して入り、荷物を引っ張り出し、外にぶちまけてしまった。

よりによって土砂降りの雨の日だった。その雨のなか荷物が泥水と一緒に転がる光景は、とても目を開けて見られるものではなかった。一生のうちでこれほど胸が張り裂ける思いをすることが二度とあるだろうか。組合員は、泣く泣くやけくそに声を張り上げたが、大切な自分の荷物を雨の中に放置しておくこともできず、荷物を整理して強制的に再配置された部屋に入らざるを得なかった。

結局、会社の要求どおりになりはしたが、闘いを通じてむしろ組合員の団結が一層強化される結果となった。そして、何よりも大切なことは、これを契機に寄宿舎自治会が作られたことだ。それから自治会は、重要なことがあるたびに意見集約の場となり、団結の拠点としての役割を果した。

「経験のない状態から慌てたりもしたが、支部長がいなくても組織はあるのだという確信を持ち、勝てると自らに催眠術をかけました。私は、もともとことが起こると、問題を掘り下げて解決してはじめて気が済む性格なので、睡眠時間を削り、食事も満足に取らず粘り強く頑張りました。たぶん事務長になってあまり経っていない労使協議会で文房具ひとつのために失敗したことが一度あり、それからより慎重に準備する癖がついたこともあります。今の自分を見ても、私がこれほどまでに成長できたのは、すべて労組活動をしたおかげだと思います。実際私にとっては、どこかで学んだ理論よりも、労働運動をしながら現場で学んだことがずっと大きいです」

労組が成長して定着するとともに、パク・テヨンも少しずつ闘士としての意志と力量を積んでいった。教会活動を熱心にしていると思っていた家族たちは、ある日テレビに末娘の顔が出てはじめて彼女の変化を知り、父はその場で倒れてしまった。伯父が左翼活動をしていて亡くなり、その後始末をした父だったので、心配が先にたったのだろう。しかし、何事にも意欲的で、しっかりしている彼女に対する家族たちの信頼は揺るがなかった。

ＹＨ貿易は一九七九年三月三〇日、第一次廃業を宣言した。一九七〇年に会長のチャン・ヨンホが外貨をこっそり持ち出して米国に移民したあと、一九七四年から無理な事業拡大と経営陣の外貨持ち逃げおよび不正行為、カツラ産業の斜陽化などによって傾きかけていた。ところが、労組が結成されてから面倒なことが多くなると、会社は反復的な休業によって労働者たちの不安をあおり、自然減員を誘導して組合の力を弱めようとした。実際、組合員たちの間で不安が高まり、会社が作業量を下請けに回すという噂が広がると、労組は調査に着手した。その結果、相当量が下請けに流れていることが明らかになった。労組が関連資料を示して強く反発すると、会社は工場移転を宣言し、結局廃業宣告に出たのだった。

「ついに来るべきものが来たと思いました。時期的にも私たち労組だけではなく、元豊《ウォンプン》、東一《トンイル》紡織、半島《パンド》商事、清渓《チョンゲ》被服などの民主労組がひどい弾圧に遭っている頃でした。行くところまで行った朴正煕軍事政権が、最後のあがきをしていた時期だったのだから。それでも私たちは、第一次廃業闘争で対外的な宣伝工作をして効果があり、政府の労働部が責任を持って企業を引き継ぐようにするという約束までしてくれ、再び仕事を始められたのでした」

しかし、結局最終局面を準備しなければならない時点まで来てしまった。会社正常化対策委員五二名は会議をもち、組合員にふたつの方向について意見を聞いた。東一紡織労働者の勇ましく激しい粘り強い闘いを見習い、当面の課題である会社正常化闘争を激しく展開して民主労組としての任務を果すのか、それとも現実的に正常化が難しいので、退職金と解雇手当をより多くもらうことを闘争目標として一歩後退させ、他の現場に入って第二のYH労組を作ることに力を注ぐことによって民主労組運動の拡散を試みるのか。

「ひとつになっていれば力を発揮するが、一人ずつ離れていけば、白旗を揚げるのと同じことです。結局八月六日に第二次廃業宣告が張り出され、決死抵抗の道を行くしかないという気持ちになりました。こんなに労組が努力したのに、土壇場まで来てしまったので、不安と長期闘争の負担ゆえに闘いを放棄しようという人間まで出ました。それで、私は歯を食いしばりました。『私たちはここから退くことはできず、私たちの主張は正当なものであり、生存のための最低限のことだ』。私は死をかけて守ると組合員の前で宣言し、焼身自殺をしようとしました。それで、皆が泣き叫んで大変なことになりました。それからは、ともに死を覚悟して最後まで闘うことを決意しました」

その当時の緊迫した心情が蘇ったのか、彼女の目頭は熱くなった。この間多くの闘いを経験し、命をかけた闘いをたくさん見てきたのではないだろうか。いまや私たちの番が来たという事実を受け止めるには、希望というにはあまりにも凄絶な勇気と意志とが必要だった。

八月七日、組合員が一緒に会社に入ろうとしたが、正門を閉鎖して開けようとしないので、寄宿舎に戻ってろう城を続けた。いつヤクザを動員して強制的に解散させられるかもしれなかった。非常時に備えて一人当たり五〇〇〇ウォンの非常金を配り、運動靴とズボンを履いたまま寝床につくようにした。九日の早朝、ろう城の場所を新民党舎［新民党は金泳三《キム・ヨンサム》を総裁とする野党。朴正熙政権と鋭く対峙していた］に移すことを決定し、いくつかのチームに分け、二分間隔で一チームずつ寄宿舎を抜け出した。そして、そのことを隠蔽すべく五〇人が残り、ろう城のときの歌のテープをスピーカーで流しながらろう城を続けた。

パク・テヨンを含めた第一陣は、早朝六時に新民党舎付近に到着した。二、三人ずつ組を作って周りの食堂や喫茶店、路地などで三時間イライラと不安のなかで待機していた。そして、九時三〇分ちょうどになると、あちこちから溢れ出た組合員たちが一斉に党舎正門から走りこんだ。途中で阻止されるかと思ったが、無事に四階の講堂まで上がった組合員は、数時間の緊張から解き放たれ、抱き合って感激のあまり涙を流した。全員で一八七人だった。

「そのとき、支部長のスニョンさんが妊娠中で闘いの前面に出られない状況だったので、私が前面に出なければなりませんでした。私一人は死ぬ覚悟ができていましたが、組合員には不祥事が起こってはいけないという思いで話すこともできず、気が重かったです。しかし、新聞に私たちの話が大きく載ると、当時党総裁だった金泳三も解決すべく努力すると述べ、数多くの民主陣営の仲間がやってきたので、勇気づけられました。ところが、時間が過ぎるにしたがって、警察が攻め込んでくるという情報がひっきりなしに入ってきました。実際に一〇日の夜には党舎の周りを揃いの服装をした男たちがずらっと取り囲みました。それで、緊急の常執委員会を招集して対策会議を開きました。最後の決死抗戦が迫った、命をかけてでも労働者の誇りを回復し、最後の一人まで死をかけて抵抗することを決めました。そして、最後の臨時総会として終結大会を開きました」

講堂は組合員の悲痛な泣き声で埋まった

パク・テヨンの大会開催宣言とともに黙祷し、故郷にいる親兄弟と故郷の方向に向かって最後の挨拶をすることにした。組合員の悲痛な泣き声があちこちから溢れてたちまち講堂を埋めた。常執委員だったキム・キョンスクが天を突くような声で決議文を読み、組合員たちの闘争の意志を一層高めた。涙でぐちゃぐちゃになった組合員は、いまや信じられるのは自分たちしかいないという同志愛を確認し、互いに強く抱き合った。夜一一時三〇分終結大会の閉会と同時に、組合員たちは、一斉に飲料水のビンを割って持ち、正門を固めた。外には戦闘警察［日本の機動隊に相当］が待機していた。

「組合員がとても腹を立てているうえ、興奮して窓にしがみついて一度に叫ぶので、金泳三をはじめとするほとんどの人たちが驚いて上がってきて止めようとし、大変なことになりました。私も瞬間、ほっとしました。まかり間違えば本当に大変なことになっていたかもしれませんでした。それで、一度皆を下ろし、少し休ませたことにしました。その間食べてもいないし、緊張して八人が失神して運ばれていったのですが、その中にキム・キョンスクがいました。ところが、出て行く途中でキム・キョンスクは元気になって再び戻ってきました。そのときのことを思うと、どんなに不憫に思ったかしれません。その時そのまま運ばれていて戻らなければ助かったのにと思うからです。いずれにせよ組合員全員を横になって休むようにさせ、私も少し横になったのですが、本当に指を動かすこともできないほど皆疲れ切った状態でした。そのときキム・キョンスクは私の横に寝ていました」

一一日の夜中二時をちょうど過ぎた時刻。自動車の警笛が夜中の空気を引き裂き、長く三回鳴らして、いわゆる「一〇一号作戦」が展開された。一〇〇〇人あまりの制服警察が、窓や入り口から飛び込んで来て、投身ができないように窓を押さえたまま手当たり次第に殴りつけ、煙幕ガス弾を破裂させた。四方から悲鳴と喚声が上がった。

「瞬間、気が抜けてしまいました。そして、再び気を取り戻したとき、思いはどうやったら死ねるかということでした。こんなにされては、もう生きていけないと思いました。横にタオルがありました。それで、それを首に巻いて横にいた子に引いてくれと言いました。その子はどんなに驚いたことか」

防護用の鉄帽と棍棒を持った戦闘警察数百人は、反抗する組合員に棍棒を振り回しながら、一人に四人ずつ飛びかかって全員を外に引きずり出した。わずか二、三分で状況は一変した。そんななかで左腕の動脈が切れた状態で四階講堂から落ちたキム・キョンスクが、党舎の後ろの地下室入り口で倒れていて、すぐに病院に移されたが、夜中の二時半ころに息を引き取ったのだ。

「太稜《テルン》警察署で調査を受けていましたが、なぜか雰囲気が尋常ではありませんでした。それでも、誰かが死んだなんて想像もできませんでした。ところが、トイレで偶然にも新聞の切れ端を見たら、ＹＨ女工が死亡したと出ていました。ひどくショックを受けて、すぐ

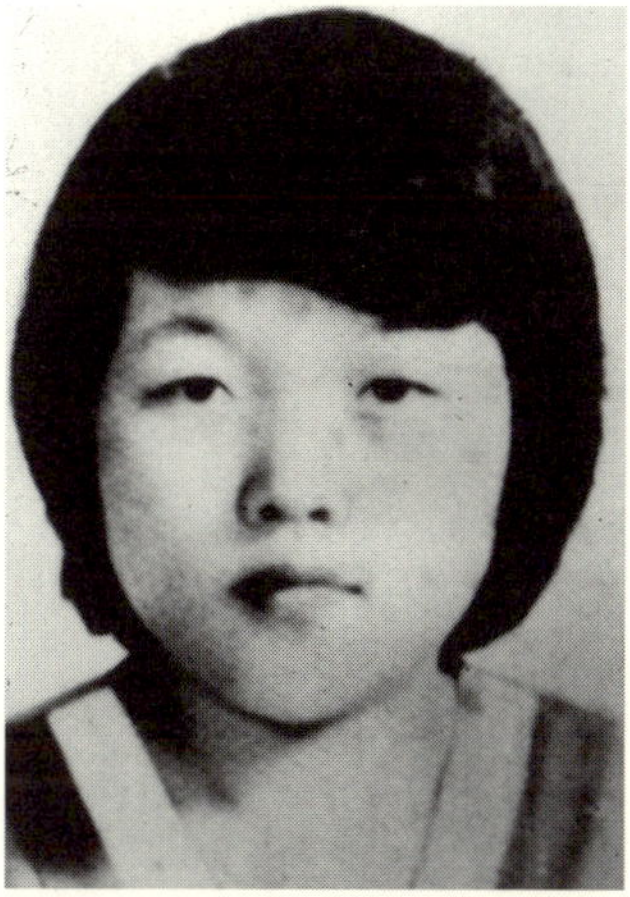
キム・キョンスクは、地下室入り口で倒れて病院に移され、夜中に息を引き取った

に誰が死んだのかと問い質すと、警察官はとんでもないと否定しながらも、どうやって知ったのかと言うのでした。目の前が真っ暗になり、頭のなかが真っ白になりました。誰かが死ななければならないなら、自分が死ななければならないと思っていたので、言葉もなく胸が張り裂けそうでした。初めて見物する監獄だったけど、特別な感じはありませんでした。ご飯も食べられず、何の思いもなく、ただぼんやりしていました。今はだいぶ落ち着いたけど、これまでの人生でずっと心にあったのは、私がキョンスクの分まで一生懸命生きなければならないということです」

一〇月二六日に朴正熙が死んで政治的な状況が変ると、保釈許可請求が認められ、パク・テヨンは拘束されていた他の人たちと一緒に一二月一〇日に出所した。迎えに出た組合員たちとともにすぐに永登浦産業宣教会［第一章の四二ページ訳者注〈3〉参照］に行ってたくさん話をした。YH貿易はすでに門を閉じ、強制的に退職金を受け取らされた組合員は、全員帰郷措置を受けてばらばらになってしまった。

彼女が労働運動をしてきた人生のなかでもっとも心を痛めたことは、キョンスクの死と父に申し訳ないという思いだった。彼女が逮捕されている間に面会に来た父は、鉄格子の窓越しにいる末娘への不憫さで涙を見せた。そして、出所した娘がまた何をするかわからないと門外への出入りを許さなかった。

「出所してからクリスチャン・アカデミー同期のイ・テボクさんと会ってあれこれ話していて、全国民主労働者連盟（以下、全民労連）結成の話が出て、一緒にやることにしました。そのために家を出なきゃならないのですが、父が出してくれませんでした。そんなわけで、友だちに頼んで『ＹＨ事件で再び手配されたので、早く逃げるようにしろ』という電報を打ってもらいました。それで、父もどうしようもなく、そのとき二〇〇万ウォンをくれました。自分が生きているうちに末娘を嫁に行かせようというのが間違いだったと言い、女が外に出てどこをうろつくのか、部屋を借りろとくれたのでした。とても辛くて受け取れませんでした。すると、父は帯を作ってお金をそこに入れてくれました」

パク・テヨンは、心の込もった父からのお金で部屋を借り、全民労連の中央委員として活動しながら珍島《チンド》グループの国際保税という会社に一年半勤めた。進歩的な知識人と先進的な労働者が結合し、既存の御用労総に替わる新たな労働組合運動組織の結成を目標にしていた全民労連は、一九八一年六月にイ・テボクが逮捕されて瓦解してしまった。パク・テヨンもまた、指名手配されて八月一六日に逮捕され、二審で懲役二年、執行猶予二年を受け、翌年の五月二二日に出所した。

「子どものときから勉強したいという気持ちが強かったですが、機会がありませんでした。それで、全民労連活動の前後から運動関係の勉強はものすごくやりました。そのように逮捕されて拘置所にいながらも、本をたくさん読みました。一九八四年三月一二日に多くの労働運動家が集まって韓国労働者福祉協議会をスタートさせましたが、私は組織活動と教育をひとつにして一緒にやりました。たぶん、そのときの勉強が肥やしになったのでしょう。そして、内部的な立場の違いで一九八五年一二月末に総会を開いて分裂したとき、私も辞めました。私は、労働組合が政治的な立場を持って活動することに反対でした。でも、私には監獄との因縁があるみたいです。全民労連をともにやっていたチェ・キュヨプさんに一緒に勉強しようと誘われて会ったのですが、自分でもよくわからない組織に関係して逮捕されてしまいました。そのときが一九八七年一月一三日でした。父の健康状態もよくなく、父には教えないようにしていました。ところが、正月には帰ると言っていた私が現れないので、父は私にまた何かあったのだと思って酒瓶を抱えて飲んでは泣いたとのことでした。そうして、三が日も終わらないうちに亡くなりました」

思いがけない組織事件に巻き込まれ、再び監獄暮らしをしたパク・テヨンは、一審満期六カ月を終え、七月一三日に出所した。そして、その日の朝拘置所の副所長から晴天の霹靂のような話を聞いた。父が亡くなったということだった。監禁状態で聞く悪い知らせは、どんなに人間を打ちのめすことか。それまで面会に来ていた家族は、彼女にショックを与えると考え、それを隠していたのだった。

「言葉が出ませんでした。父が亡くなったことだけでも胸が張り裂けそうなのに、私のためにそうなったことが私をどれだけ責め立てたことか。その足でお墓に行き、父に許しを請いました。そして、誓いました。父の名前を汚さないように一生懸命生きていくことを」

キョンスクが亡くなったときの同じ記憶が蘇った。瑣末な日常生活のすべてが彼女の関心から消えうせ、自分がその死にどう償えるかという思いにだけ意味があった。一日をからっぽの状態でぼんやりと過ごしたパク・テヨンは、翌日ソウルに行き、逮捕前に準備活動に参加していた韓国女性労働者会に出向き、労組教育の担当として働きはじめた。

「一九八八年七月、ソウル地域労働組合協議会が作られてからは、そこに移って事務次長をし、一九九一年七月九日に代議員大会を終えたのち、それを作るまで本当に自分がすべきことは何でもやりました。労働者を教育し、争議交渉や組織活動を支援し、本当に身を粉にして仕事をしたと思います。何かをすると夢中になるので、健康状態もとても悪くなりました。歳もいつの間にか三六になりましたが、お金を貯めたこともないし、エネルギーもなくなって体がついてこないので、思い悩むことが多かったです。私がしていることはもう後輩たちがしてもいつでもできるので、もう少し後ろで私が長期的にできることを探さなきゃと考えるようになりました。そのとき富川《プチョン》女性労働者会の会長だったチェ・スニョンさんが地方議会の選挙に出て、私に富川女労会の仕事をするのはどうかというので、そこで女性労働者運動をすることになりました」

彼女は一九九四年三月に結婚もした。三七歳になり、結婚について思い悩むことが多くなった。互いに志が一致し、相手を理解できる人間なら、一緒に助け合って残された歳月を送るのもそんなに悪いことでないと思っていた。そうして知り合いの紹介で会った夫のおかげで元気な息子もおまけについてきて、翌年には妊娠して遅い子を授かった。

一九九四年三月に結婚。一緒に助け合って、残された歳月を送るのもそんなに悪いことでない

「はじめは言い争うことも多かったですが、今はふたりとも似てきて、あるときは鏡を見ているようです。最近は望むこともありません。心身とも健康で一生懸命働きながら、わだかまりもなく生きています。イ・チョルスンさん（韓国女性労働者会協議会代表）［第七章イ・チョルスン参照］は、女性労働者会のなかでは唯一の先輩にあたる方でときおり話をしましたが、そのたびに多くのことを学びました。労働運動しか眼中になかった私を女性労働者運動の重要性に目覚めさせてくれました。このように清く無駄のないきちんとした暮らしができるのも幸せだなあ、と思います」

富川女性労働者会で始めた女性労働者運動が生活の中心になったパク・テヨン会長。二〇〇〇年からスタートした自立支援センターは、とてつもなく大きな規模になり、目の回るような忙しさになったが、その仕事のほとんどは、彼女にはやり甲斐のある楽しいものだった。そのうえ二〇〇七年から実施される老人療養保障制度に合わせたシルバー事業として老人看病支援センターができたのも嬉しいことだった。五〇代を迎えつつ、彼女は低所得層の女性を対象にした老人福祉事業を夢見ているからだ。こうして長く自分がしたいこと、しようと思うことの青写真を描くことができる彼女は、幸せに見える。もしかすると、軽いジョギングで健康に気を使い、再び教会に通い、心身ともに健康になりながら仕事に対する態度に余裕ができたせいかも知れない。

自他ともに認める以上の彼女の完璧主義的性格は、彼女をいつも闘争と変化の真ん中に引きずりこみ、あるときは休息が必要なほど心身の余裕を奪って揺さぶりもした。しかし、YH貿易の仲間たちとともにした、そのときの固い誓いは、いかなる過酷な試練のなかでもしっかりと耐えうる頑丈な岩として彼女を育む。

「先輩のチェ・スニョンさんが今度の総選挙で国会議員になり、嬉しい限りです。少し前にYH労組の役職にいた何人かがお祝いの会を開きましたが、その席に当時会社の総務課長（現在富川商工会議所局長）だったチョン・インギさんも参加しました。その方は、当時も労使双方の架け橋の役割を果した人ですが、ざっくばらんで格式ばらない性格なので、今は実の兄のように親しくしています。そのように集まって祝杯をあげ、昔話も交わして本当に楽しい席になりました。スニョンさんが議会に

愛する家族、より素晴らしい社会のための仕事、同僚、そして自分がいることに感謝する

行けば、女性と労働問題をうまく解決していくでしょうし、恵まれない階層を代弁する仕事をするだろうと言って皆喜びました。八月にある今度のキョンスクの追悼式にはYH貿易の仲間たちがみんな集まるでしょう」

かつての凄まじい試練は、彼女たちを永遠にひとつにしたようだった。彼女はそのときにもう一度戻っても同じ道を行くしかないだろうと断言する。三〇年間あまり労働運動をし、するべき苦労はすべてしたが、むしろその時間を耐え忍びながら一層強くなったと彼女は信じる。自分が労働運動で、女性労働者運動で生きてきた歳月は、自分の人生の大きな喜びだったし、幸せだったと言う。そして、去る三、四月にあった弾劾に反対するキャンドル集会［二〇〇四年三月一二日に野党のハンナラ党、民主党、自民連によって盧武鉉大統領に対する弾劾追訴案が可決されたことに反対する市民集会］を見ながら、七〇、八〇年代を全身で抵抗して生きてきた自分のような人間たちの試練が決して無駄にならなかったことに感謝した。

パク・テヨン会長は、今年で五〇歳になる。もうどこへ行っても歳の多い方になることが、少し身を持てあまし気味で、気を使うことでもある。以前には結婚式や子どもの一歳のお祝いに行くことが多かったが、今や誰かをあの世に送らなければならないことが多くなった。今さらのようにこうして歳を取っていくのだなあと思い、ときおり寂しくもある。それで、ときおり後ろを振り返る時間が多くなった。彼女は、その歳月に感謝する。愛する家族がいて、より素晴らしい社会を目指す自分の仕事があり、あらゆることを共にできる同僚がいて、そのすべてのことがひとつの共同体となるところに自分がいるという現状にも感謝する。今までそうだったように彼女の完璧主義はこれからも続くだろう。

〔翻訳〕大畑龍次

第五章　道半ばで倒れた友よ、見ていてほしい

ウォン・ミジョン（元美貞）略歴

一九六〇年　京畿道利川《キョンギドイチョン》市麻長面《マジャンミョン》に生まれる
一九七九年　ソウル市の首都女子師範大学［現・世宗大《セジョン》］付属高校を卒業
一九八八年　仁川《インチョン》市の世昌《セチャン》物産労働組合の委員長に就任する
一九八九年　三月、偽装廃業反対闘争で逮捕。執行猶予で釈放後、労働者の政治勢力化のための活動を続ける
一九九四年　松峴洞《ソンヒョンドン》（居住環境改善事業）住民協議会の住民代表を務める
一九九五年　仁川広域市議会議員に当選
一九九八年　同市議会議員に再選、議会運営委員長、新千年民主党［二〇〇五年に名称変更。現在の党名は民主党］の中《チュン》区、東《トン》区、甕津《オンジン》郡支部副委員長を務める

二〇〇一年の仁川《インチョン》広域市議会議員選挙に敗れたとき、みんなから言われたものだ。「何が何でも当選しなきゃ話にならないのに……できないことにも、タブーにも挑戦するって大見得を切れって言ったじゃないか……」。もちろんあってはならないことだった。さらに二〇〇三年一〇月の補欠選挙で私はまたもや落選してしまった。補欠選挙の特性上、投票率も低く組織選挙にならざるをえないため、仕方なかったのだと慰めてはみたものの、はっきりしているのは私自身力不足だったということだ。だが、ある意味これでよかったのかもしれない。二期続けて市会議員に当選したため、三期目も当然当選するものと思っていたのだ。表向きは決してそんなことはないと、そんなはずはないと思い込んでいたが、ひょっとすると少しずつ自分の地位、自分の仕事への自覚を失ってゆき、そこいらの安っぽい政治屋に成り下がっていたのかもしれない。

いいえ、それではいけないのだ。私は労働者。労働者出身の市会議員ウォン・ミジョンなのだ。なぜ労働者になったのか、なぜ市会議員になったのか、なぜ敗れてもへたりこむわけにはいかないのか……忘れてはいけない。否、決して忘れることなどできようはずもない。それは今なお私の胸の奥深くにソン・チョルスンが生きているからだ。

一九八八年七月一六日、スト闘争一九日目。数日間降りつづいた雨が上がり、私たちは翌日行うことになっていた「スト資金調達のための連帯集会」の準備中だった。組合員はそれぞれに、大通りから工場の入り口の道まで要所要所にペンキでスローガンを書いたり、横断幕を作って工場のあちこちに貼り出したりしていた。午後七時ころ、集会で出す軽食の準備のため食堂にいたのだが、誰かが飛び込んでくるなり息も切れ切れに叫んだ。その声は悲鳴にしか聞こえずはじめは何を言っているのかわからなかった。屋根の上で横断幕を掲げていた仲間が落下したというのだった。思わず全身から血の気が引いた。大急ぎで駆けつけてみると、誰かが背負われて出てくるところだった。事務長のソン・チョルスンだった。

能書家で、文学に熱き志を抱いており、文才もあったチョルスンは、自ら買って出て「社長のヤツが鉄面皮なら労働者サマは強情っぱりだ」という横断幕を書きあげた。そしてそれを手に事務棟の屋上に上がり、自分の手で貼り出した。それから「闘いぬいて労働者の悲しみにケリをつけよう」という最後の横断幕を工場の煙突に掲げるためにスレート屋根に上がったのだった。けれどあたりはもう薄暗くて［韓国は日本とは時差がなく日本より西に位置するため七月の午後七時はもっとも暗さに目が慣れず事故も多い「逢魔が時」の暗さといえる］前がよく見えず、何日か雨降りの続いた後で傷みの激しかった屋根を踏み抜いてしまい、彼女は下に落ち工場の床に叩きつけられた。そして脳の損傷が致命傷となり、翌日午後九時四五分、何ひとつ言い残すことの叶わぬまま、チョルスンは息を引き取った。

あまりにも衝撃的な死に直面し、私は茫然自失となってしまった。いつも意見が合わず、角突き合わせてばかりで事がスムーズに運ぶことはなく、どうも反りが合わず手厳しい批判をぶつけ合ったりもして、顔を合わせたくないこともままあったが、チョルスンがいたからこそ私も緊張を維持し、怠け心を戒めることができた。否、姿を見かけないとやはり気になってしまうチョルスンだった。だからなおのこと、彼女を失った穴の大きさに戸惑った。ピンと張っていた糸が切れてしまったように、

チョルスンとは親しくなる機会を永遠に失ってしまった。もっと私のことを説明すべきだった

空しく、切なくて、全身の力が抜けてしまったような気がした。こうしてチョルスンと私は親しくなる機会を永遠に失ってしまった。もっと私のことを説明すべきだったのに……彼女とは違う私なりの闘い方についてわかってもらうべきだったのに……。それとも、私の生い立ちから語ったほうがいいのかもしれない。

チョルスン……。

私、一九六〇年に京畿道利川《キョンギドイチョン》市麻長面《マジャンミョン》ってところで一家の長女として生まれたの。下に弟がふたり生まれて家族が増えると、農業をしていた両親はそれでは食えないと思ってソウルに出ることにしたのよ。私が小学生のころのことよ。ソウルに出る途中でね、荷台の醤油の甕が割れて、おコメが全部ダメになっちゃったの。あのときの泣きたい気持ちは今でも忘れられない。ソウルについて真っ先に思い出すことは、毎日お便所の前にズラリと並んで待たなくちゃならないことだった。一九世帯が間借りするソウルの下町奬忠洞《チャンチュンドン》の借家には共同トイレがふたつしかなかったのよ。部屋だって推して知るべしよ。家族みんなが横になることもできないほど狭い部屋がたったひとつだったけど、私は無邪気に喜んでたな。でもソウルに来てまもなく父が交通事故で亡くなってから、貧乏というのがどういうことなのか少しずつわかっていったみたい。三人の幼な子を抱えた母の苦労は並大抵のことじゃなさそうだったもの。

小学校六年のとき、親戚の叔父さんがうちに来て母にしている話を聞いたときは、もう本当にビックリしちゃって。女の子に勉強なんかさせて何になる、そんな余裕はないんだから中学になど行かせないで〈1〉どこかお手伝いの口でも探せって言ったのよ。でも母はきっぱりと言ったの。自分は小学校も満足に出られなかった、夫と死に別れて女手ひとつで子どもたちを食べさせていかなければならなくなって、もうちょっと勉強しておけばこんなに苦労しなくても済んだんじゃないかと思うって。それで娘だけは高校までは行かせてやりたいって言ったの。私、勉強が得意だったわけじゃなかったから、母はみんなから気は確かかって言われたわ。だって食事をするにもおかずといったら醤油くらいしかないほど貧乏だったんだもの。みんなバスを二度乗りついで通うところを、私はバス代がないから一時間以上も歩いて通ったんだけど、間違っても不平なんか言えなかった。あんたも貧乏な家の長女で、大学進学を諦めて工場で働くことになったんだから、そんな私の気持ち、わからなくはないわよね。

当時はまだ、自分が市会議員になるなど想像さえできなかった。一九九一年三月、私は仁川地域労働組合協議会（以下、仁労協）で教育委員として活動していた。労組委員長として長期間に渡る偽装廃業粉砕闘争にかかわった経験があったため、全国各地で似たようなケースが相次ぐと、教育指導を頼まれることが多くなった。労組の活動について語ることが多かったが、労働者もたんに現場で闘うだけでなく、法律を改正し、労働者が団結して力をつけねばならないという点については同意していたため、労働者の政治勢力化に関してもずいぶん話して回った。

その年はじめて実施される地方議会選挙に労働者出身の候補を立てるべきだという声が上がった。労組委員長の経験のある、好感度の高そうな四〇代、五〇代くらいの人物から選ぼうというのが条件だった。けれど大半の委員長経験者は落選が目に見えている選挙に資金を使える余裕などなく、家族が反対しているとの理由から立候補を辞退した。そこで、これはと思える人物の奥さんを説得しようと酒を持参して飲み明かしたりもしたが、結局は失敗に終わった。そういうわけで私が立候補せざるをえなくなったのだ。まだ三〇歳だった。掻き集めた資金といっても伝貰《チョンセ》［高金利を活用した韓国特有の不動産賃貸システム。最初にまとまった金額を保証金として預け入れ、大家はそれを運用して運用益を月々の賃貸料に当てる。退去時には保証金は全額払い戻される］の保証金六〇〇万ウォンが全部だった。仁労協の内部には賃上げ闘争戦線の分裂を謀る行為だといって問題視する声もあった。だが、私が出馬する以外に道はないというなら、労働者の政治勢力化のためにいかなる犠牲をも厭わぬ覚悟はできていた。

時あたかも仁川地域で野党共闘、つまり野党系候補の単一化の論議が盛んに行われていた時期で、定数二七の仁川広域市議会議員選挙に野党系から擁立する二七人を割り振ることになった。平和民主党［一九八七年の大統領選挙で金泳三《キム・ヨンサム》と金大中《キム・デジュン》の候補一本化失敗を受けて金大中が独自に結成した政党。一九九一年当時の正式党名は新民党」と民主党［金泳三の統一民主党のうち、三党合同に反対して残留したグループ」からそれぞれ九人が立候補し、在野の候補者九人のうち民衆党［一九八七年結党。同年の大統領選で白基晥《ペク・キワン》を独自候補として擁立した。一九九二年の大統領選挙では金大中と政策協定を結んだが、選挙戦敗北後に解党］には二人分が割り当てられていた。けれど民衆党の候補はすでに内定していたため、私が離党して在野分として出馬することになった。ただ、私の立候補した東《トン》区のふたつの地区は、決して民主自由党［盧泰愚《ノ・テウ》の民主正義党、金泳三の統一民主党、金鍾泌《キム・ジョンピル》の新民主共和党の三党合同により生まれた当時の政権与党。一九九〇年結成］に勝つことのできない地域だった。朝鮮戦争のときに北から逃れた人たちが集団移住してきた地区で、保守的傾向の色濃い貧民街、それまでの選挙でもほぼ五〇パーセントに近い与党支持率を示してきた典型的な保守の地盤、若者たちがどんどん流出してゆき中高年人口の割合の多いこの地区が、最終的に私の立候補する地区になったのだ。在野から出馬する他の候補者もだいたい似たような状況で、とても勝ち目のない闘いに無駄なエネルギーを消耗することもないといって諦めてしまう仲間も増えていった。そんなころ、仁川連合［民主主義民族統一仁川連合］の議長だったキム・ジョンテ牧師が訪ねてきた。

「もっとも保守的な場所であるほどに、もっとも改革を求め、変化への切なる希望を抱いているものですよ。他の地区に移ったところで必ず当選する保証があるじゃなし、このカベをぶち破る必要もありますよ」

キム牧師のこのことばは、挫けそうになるたびに大きな勇気を与えてくれた。結局、全財産だった保証金六〇〇〇万ウォンの部屋を出て、そのうち一〇〇〇万ウォンを月極めの賃貸に移る費用に当て、残りの五〇〇〇万ウォンで選挙事務所を借りた。そして資金集めにとアン・チファン〈2〉のコンサートを開いて三〇〇〇万ウォンを捻出した。さらに各支援団体でも資金調達に動いてくれて計一三〇〇〇万ウォンほどの資金が集まり、じゅうぶんとはいえないながらも選挙運動に取り組むこととなった。

希望を胸に運動を始めるには始めたが、どうせ負ける闘いをしているのだと考えると、ときにはやる気をなくすこともあった。そのうえ、選挙に労働者が出馬するのはまだ時期尚早と判断した団体は支援してくれなかったため、民衆党の党員と労働者の政治勢力化に同意する団体だけで選挙戦を闘うことになった。けれど、運動員一人ひとりが身を粉にして地道に活動を続けた努力のたまものだろうか。私の話になど耳を貸してくれるとは思えなかったこの地域の人たちが、少しずつ関心を示すようになっていった。第一次の遊説を終えてからは、人々の反応が目に見えて違ってきていることが肌で感じられた。「ウォン・ミジョンは歯に衣着せずズバズバと何でも言う」、「若いのになかなか切れ者だ」という噂が次第に広まってゆき、事務所にジュースを差し入れてくれる地元の人たちの姿がどんどん増えていった。選挙運動に使ってくれといってしわくちゃの一万ウォン札を握りしめてやってくる労働者や、近所の何人かを集めてミニ集会を開いてくれる奥さん方もいた。単純肉体労働に三〇年間従事し、自分が労働者であることを恥じていたというある五〇代の清掃作業員の男性は、労働者が立候補してくれたことが誇らしいと言い、ぜひとも当選してくれといって手をぎゅっと握りしめてくれた。

そんなふうに心を寄せてくれる人生の先輩方の姿を見て、何度も母のことを思ったのよ。あれやこれやの商品を行商で売り歩いたり、セマウル就労事業〈3〉に出ていったりしていた母は、私が中学生のころ陶磁器工場に勤めることになったんだけど、そのことをとっても喜んでいたわ。小学校も出ていないのに工場に勤めることができたってね。それで暮らし向きは少しよくなったけど、でも貧乏なのは相変わらず。私が高校進学を控えたころには、就職させればいいのにってまた親戚が嘲笑っていたわ。それでも母は意を曲げることなく、ついに娘が高校生になった姿を目にしたのよ。弟たちも勉強がよくできて、母は毎日お弁当を五食分も作ってから工場に出勤していたけれど、子どもたちの成長が楽しみでつらいなんて思っていなかったみたい。

私は友だちもいなくてちょっと内気だったんだけど、そんなふうに暮らしに張りが出てきたせいか、高校あたりから少しずつ変わっていったの。クラス委員長になったこともあるし、誰かが責任を持ってやらなくちゃならないようなときはいつも私が引き受けて、まあ、あんまり愉快じゃない思い出もあるけど、学校生活はけっこう張り切って過ごしたわね。生徒会の役員になって学校の制度に問題があるってこともわかったし、社会への反抗心とでもいうのかな……今の世の中に怒りを覚えるようになったんだ。それで大学に行ってもっと勉強したいって欲が出てきたの。でもやっぱり家計が苦しいから奨学金を受けたかったんだけど、成績がそこまでは、ね。それで浪人することにして母の勤める工場で事務のアルバイトを始めたの。ある日、課長が一度現場を見ておくといいって言うから工場に出たんだけど、私の姿を見て母はショックのあまり涙を流してるのよ。娘にだけはちゃんと勉強させていい会社に勤めてもらいたいって、勉強ができて頭のいい子だって、同僚たちにそう自慢していたのに、その娘が自分の勤める工場に現れたんだもの、さぞかしビックリしたんでしょうね。あの日の母のあの表情は死ぬまで忘れられないだろうな。

でも、あのときショックを受けたのはむしろ私のほうだった。母が工場で働く姿をはじめてこの目で見たんだもの。あのときの気持ちはとても言い表すことなんてできない。今も大差ないんだろうけど、当時の陶磁器工場の職場環境は最低だったの。母がこんなに苦労して私を高校まで通わせてくれたってことを、それまで知らずにいた自分自身が許せない気持ちだった。そのとき決心したの。大学には行かない、いい会社になんか絶対に行くもんか。そしてこの現場で働くんだ。それで課長に自分も現場で働かせてほしいって言ったんだけど、ダメだったの。よく考えてみれば、母も許してくれっこないって思ったから、家を出て別の工場に就職したの。友だちは一生懸命勉強して成功することで恩返しすればいい、何もそこまでバカなことしなくてもいいって引き止めたけど、それだって自分をごまかすことに過ぎないって気がして、後戻りできなかった。決して恥ずべきことなどないと思えるまで自分自身に復讐するんだって決意して、工場を転々としながらヘトヘトになるまで働いて自分の体をとことんいじめぬいたの。

はじめて行われる地方選挙に成り行きで出馬することになった私だが、結果は落選だった。けれど五〇〇票差の惜敗という結果は驚くべきニュースだった。ウォン・ミジョンとはいったい何者だと話題になるほど多くの票を得たのだった。議席を争った候補は地元の実力者で、そもそも選挙区そのものが保守の地盤だから、労組委員長出身の無所属候補には圧倒的に不利な地区だった。けれど既存の政治勢力に対する不満が募っていたのだ。落選はしたものの人々は私に健闘を称える拍手を送ってくれた。

落選が確定すると、これっきり私がこの地域から去っていくのではないかと心配した地元の人たちが選挙本部事務所に押しかけてきた。「四年後はきっと当選しますよ。総選挙にも出てくださいね。応援しつづけますから」、「ウォン・ミジョンさん、結婚したら旦那の住んでるところに行っちゃうんじゃないの。だったらここの若い衆と結婚すりゃあいいよ」。選挙運動の期間中、こんな頼りない私にわずかな希望をかけてなけなしのおカネを寄付し、ジュースを差し入れて精一杯激励してくれた、そんな仲間だった。

労働者の政治勢力化とは、何も政界に進出するだけが能ではないと思っていた。それに、いざ必要なときに誰も手を挙げる者がおらず、それなら私がという思いで乗り出しただけだったので、その後も引き続きこの地区で選挙に向けて活動していくなどとは考えてもみなかった。けれど地元の人たちと出会い、私の暮らしと大差ない彼らの厳しい日常を垣間見るにつけ、そのころにはもう、やはり自分にできることから目を背けるわけにはいかないという結論に達していた。そして遊説して歩く道々、当落いずれの結果になるにせよ、彼らとともにいつづけると約束していた。

選挙が終わってからも私は同地区に腰を落ち着け、地元の人たちの中に入っていった。お向かいのケットンちには匙が何本あるのか、裏のスンドクんちのお母さんの目に青タンができたのはどうしてか、最近ご近所さんが寄ると触るとその話で持ちきりになる悩みの種は何なのかといったことは、彼らとともに過ごさなければわからないことだった。私にとって政治とはどこか遠くにあるものではなかった。この心を尽くして彼らとともに悩む、そういうものだった。

けれどそれは決してたやすいことではなかった。日々の暮らしはそう変わるところはなかったが、彼らの感じ方と、労働者出身で労働運動に身を置いてきた私の感じ方には大きな隔たりがあった。また、地域の仕事をしながら仁労協の活動も続けていたため、何やかやと闘争の現場に駆けつけねばならず、また、地元の問題の解決に当たっても、絶えず声高に訴えつづけないと検討対象にさえしてもらえないような時代だった。最初は私のそんなやり方が心配だったのか、地元の人たちからは、次も出馬したら必ず投票するからデモのほうはちょっと遠慮してくれと冗談めかして言われたりもした。けれど今も地域をめぐる問題が持ち上がったときは真っ先に私を呼んでくれる彼らだった。一方では労働者出身のくせに何がわかるという考え方もなくはなかったのだろうが、何であれ事が起こればぜがひでも解決しないと気が済まない私の性格に触れた人たちから、「ひょっとするとこの女のほうが学のあるセンセイより我われの声を代弁してくれるかも」と思ってもらえるようになったのかもしれない。そうやって地元のことならどんなことにでも率先して取り組み、面倒がらずに頑張ったせいか、一九九四年には松峴洞《ソンヒョンドン》居住環境改善事業住民協議会の代表になり、一日二四時間では足りないくらい奔走した。

夏になるとネコの額ほどの屋上に三、四人で卓上コンロを囲み、豚バラ肉を焼いては焼酎で一杯、という姿をあちこちで目にした。自分の話、相手の話、あれやこれやの世間話が入り混じり、そんな中には、誰々の家は火事に見舞われたが先立つものがなくて葬式も出せないといった話、誰々の子は授業料が払えずに教室から追い出されたといった話が盃とともに行き来して、なんとも胸に堪える。思えば懐具合が心もとないほど分かち合いの気持ちが芽生えるものなのかもしれない。自分の財布が空っぽになったことがあるから、人の懐事情にも思いを致すことができるのだろう。分かち合いの共同体というのはまさにこういうことだったのか、と思える貴重な体験だった。ひとつの問題の解決を目指すとき、数限りない雑多な他の話のやりとりがあるからこそ結論に辿り着くことができるのだ。なんと人間くさくあたたかなプロセスだろう。そうやって私と何ら変わることのない人々に育まれ、私も少しずつ彼ら彼女らの一部になっていった。

こうして地元の人たちと身近に接しながら地域の問題解決に真面目に取り組んだせいか、一九九五年の選挙では民主党［当時の最大野党。同年、一九九二年の大統領選挙敗北後に政界を引退した金大中の政界復帰を機に新政治国民会議が結成されると多くが国民会議に流れることになる］公認候補として出馬、つ

地域の問題解決に取り組み、一九九五年の選挙でついに当選した

いに当選を勝ち取った（当時すでに民衆党はなかった）。今回はライバル政党の支持者の人たちまでやってきて、ウォン・ミジョンに投票する、きっと当選すると太鼓判を押しては帰っていった。誰かが名も告げずに差し入れてくれたジュースのケースが狭くつましい事務所にうず高く積まれていった。さらには前回の選挙の当選者が、有権者の気持ちがわかったから今回は出馬しないと約束しそれを守ってくれたので、本当に嬉しかった。

　けれど民主党公認として立候補したことへの非難に、私は心身ともにさいなまれた。あれほど労働者政党の必要性を叫んでいた私が他の政党の看板を背負って出てくるとは何事だ、というのだ。とはいえ民衆党はすでになく、労働者や疎外された人々のために働こうと思うなら我が党に来て働いてほしいという民主党の説得を、最後まで突っぱねつづけることができなかった。実は民主党の公認とはいえ、選挙運動は今回の選挙では労働者の政治勢力化に積極的に賛同してともに運動してくれた仁川連合傘下団体のメンバーたちがすべて引き受けてくれた。そのため選挙についての評価も多種多様なものにならざるをえなかった。かなり改良主義的になったため、こんなのは我われの選挙ではないという声も高かった。けれど、労働者候補がここまで遊説したり宣伝したりできるとはたいしたものだという評価がもっとも多かった。私はこうして市会議員になった。

たまたま入社した世昌物産で私が認められたのは、たぶん文句も言わずに一生懸命働く真面目な性格のおかげだったんだと思う。二三歳だった。それまでも別の会社でいろいろな仕事を経験したけれど、私はあくまでも現場にこだわってがむしゃらに働いてきたの。でも私ってどうもお節介なのよね。寮の管理人も栄養士も同じ年頃だったから、一カ月もたたないうちにすぐに仲良くなっちゃって。それで持ち物検査もやめてもらったし、学校に通ってる子には先に食事を出すようにしてもらったんだけど、誰ひとり反発する人はいなかったわ。私って人あしらいがうまいみたい。仕事にも真面目に取り組むし、性格もよさそうだからってことだったのか、労使協議会の労働者側の委員になってほしいって言われたんだ。でもあまり気が進まなかったから断ったの。

そのころは、たぶん出世したいなんてこと考えてたんでしょうね。一九八六年から労務管理士の勉強も始めたの。労働法の基本を勉強したから、労働者の権利とは何であり、会社のどこが間違っているのかが少しずつわかってきたの。それである日、お父さんの還暦祝いをするからと有給を申請したのに課長に却下されたっていう子に、黙って休暇届の用紙を課長のデスクに置いてくればいいんだって言ったの。そしたら課長ったら、一度ダメと言ったのを翻すのは沽券にかかわるものだから、なんでそんなこと吹き込んだんだって文句つけてきたの。だから勤労基準法と労働法を突きつけて、法律に反するんだって言ってやったら、そういうもんなのかって言って認めてくれるじゃないの。でも私は労働運動家なんていうのとは縁遠かったし、実は運動家っていうのはアカと同じ部類の人たちなんだと思っていたの。それに労働者だと思われないように分厚い本を抱えてウォークマンを聞いて、オシャレにもけっこう気を使って学生みたいに振る舞ってたんだ。

でも街を歩いていて労働運動関係の集会のポスターや壁新聞なんかを目にすると、好奇心がそそられてこっそり出かけたりもしていたわ。そしてビラを密かに持ち帰ってトイレに隠れてこっそり読んだりもしたっけ。そうやって少しずつああでもないこうでもないと考えるようになっていったんだと思う。

はじめて市会議員になってみると、食事を摂る隙さえ満足になかった。労働者出身議員の仕事ぶりを見せてもらおうじゃないかと、市のお役人やら記者やらの目が一斉に私に注がれているような気がしたし、市民団体の側も期待と心配のないまぜになった目で私を見ていた。それもそのはず、在野出身の議員のうちで私がもっとも低学歴だったのだ。経歴にしたところで工場勤めとそこでの闘争の経験しかないのだから、心配せずにはいられなかったのだろう。労働者出身の議員が実に立派にやっているといってもらわねばならないというプレッシャーに押しつぶされそうになり、この問題はなかなか克服できなかった。議員になればそれでいいとは言っていられない状況が前途に横たわっていた。

最初は案件の審議もほとんどできなかった。一生懸命さにおいては誰にも負けない自信があるから、人が準備に一時間かけていくところを一〇時間もかけていくのだが、発言はほとんどできなかった。私の選挙区には再開発問題があったので建設委員会に所属したのだが、いちばん年下で経験もゼロの私には、一五もある案件で知っているものは一件もなかった。ただ、再開発地域で代表を務めていたため再開発関連法規や他地域の事例は詳しく知っていたことから、自分では何でもよく知っていると勘違いしていたのだ。労働問題と再開発問題以外はほぼすべてはじめて耳にする話だった。

はじめての臨時市議会の会期が終わると、過去の議事録にすべて目を通した。建築用語辞典も購入して、わからない内容があると他の議員に尋ねたり市の担当者のところに行って話を聞いたりした。恥ずかしいとか何とか言っていられる問題ではなかった。市政の監視機関である市議会の議員として自分の役割を果たせていないという思いから、深夜零時前に帰宅することはほとんどなかった。ウォン・ミジョン議員はなぜ発言しないのかといった類の質問を記者から浴びせられるたびに忸怩たる思いで全身がこわばり、それを乗り越えるにはずいぶんと時間がかかった。食事をしても胃がもたれ、昼食は満足に口にできなかった。議員になると会食の機会も増え、高級な刺身や肉も味わいはしたが、何を食べても胃が痛んだ。それほどまでにしっかりやらなくちゃという強迫観念は強かった。

今思い返してみるとたいしたことではなかったのに、当時はそのことにすっかり振り回されていたのだ。新しい仕事に対する不安な気持ちはあったろうが、実のところ未経験なのだからわからないことがあって当然だったのに、それがなかなか受け入れられなかった。そして私が無能なせいで労働者のプライドが傷つけられては困るという意地のようなものがあったのだろう。いずれにせよ当時の私は、市会議員としての幸せを噛みしめる余裕などなかった。どうすればこの暗闇から抜け出せるのだろう、そのことにのみ捉われて無駄な悪あがきばかりしていたのだから。

ある日、グラウンドで集会をしようというメモが回ってきたでしょう。どうも社内に紛れ込んでいた学生運動をしていた人たちが計画したみたい。で、なんと社員が四〇〇人もグラウンドに集まったのに、音頭を取る人が現れないのよ。準備に不手際があったのかなって思ってたんだけど、みんな私が計画したと思ったらしく、私のほうをじっと見てるのよ。それで仕事に戻るのもイヤだからラッキー、と思って「我われにコメの飯を食わせろ」とか「我われの人権を保証せよ」とか、「寮の環境を改善せよ」、「給料を引き上げよ」ってシュプレヒコールを叫んだの。売店のおじさんはこの会社に長いけどこういう集会ははじめて見たって言ってアイスを箱ごと持ってきてみんなに振る舞ってくれて、栄養士は炎天下だからって氷を用意してくれたわ。慣れなくてバタバタしてたけど面白い集会だったな。もちろん闘争歌なんて知らないから国歌や流行歌を歌ったりして、そうやって一日が過ぎていった。

会社は私のやってることだから心配することないと思ったのか、翌日交渉しようと言ってきて、それでその日は解散になったんだけど、何人か私を追いかけてきて今日はよくやってくれたと言ってビラをくれたの。それから闘争歌の楽譜の入った袋も人づてでもらったのよね。翌日みんなを食堂に集めてその闘争歌を歌おうとしたんだけれど、はじめて聞く歌だから苦労したっけ。そのときチョルスン、あんたが、私この歌ちょっとわかるから教えてあげるって言ってくれたのよ。そのときパッと見て、あんたが労働運動してる人たちとかかわりがあるんだなって思ったの。

漠然とではあったけれど、労働者にとって労働組合がどんな意味を持っているのかわかってはいたの。でもそれを過激な運動というかたちでやらなくちゃならない、しかも私がやらなくちゃならないってことには確信なんてなかった。でもふとしたきっかけでストが始まって労働運動をしている人たちにも出会って、すごく複雑な心境だった。テレビや新聞に出ているみたいな暴力沙汰になりはしないかって恐怖心があったから。

三日目には労働団体から応援が来たんだけど、私が見張りの担当者に言って応援部隊全員を不穏勢力だからって追い返させちゃった。たぶん労働者としての意識と管理者としての役目を混同して、あんなことをしたんだと思う。そしたらチョルスン、あんたと何人かのお仲間が私のところに来て、スト指導部の守るべき原則みたいなのを教えてくれたのよ。それで私は応援部隊の人たちが学生出身だってことを確認して、今回のことは何事もなく終わらせたいから協力をお願いしますって言ったの。その代わり、スト後に学生が扇動したなんて話が出てこないようにするって約束を取り付けてね。

あれは一九八七年六月だった。私が思いがけず指導部の一員として活躍することになったあのストの最終日は、ものすごいどしゃぶりだったわ。代表として男性社員ひとりと私とで社長と四、五時間ほど交渉して、私たちの要求をすべて飲ませたんだけど、賃上げ要求額はもともと一〇〇〇ウォンだったのに六〇〇ウォンで手を打ってしまった。問題はその変更についてみんなと相談すべきだったのに、そういう手続きについて私、何も知らなかったのよ。これまでの会社生活で六〇〇ウォンもの賃上げなんてはじめてだ、みんなそう言ってご苦労様ってねぎらってくれたけど、あんたたちは私のことを非難して距離を置くようになったわよね。

それから少しして、あんたたちは私には声もかけずに労組結成のための活動を進めたのよ。声をかけられた人たちはみんな私のところに来てどうなってるんだって聞くから、私もすぐにその動きを知ったの。ショックだったな。ぜひとも必要なことだと思うならひとりでも多く説得していくべきなのに、私は完全に蚊帳の外なんてそんなの間違ってるってぼんやりとだけど思ったっけ。なんだか苦しい思いは拭いきれなかったけど、いずれにせよ私がしゃしゃり出ていけることではなかったから、ただ笑っちゃった。結局、私がかかわらないんだったら自分も参加しないってみんなが言うから、何日かして私を誰かの部屋に呼んで一緒にやろうって言ったのよね。でもそのときくれたビラを読んでも何が言いたいのかさっぱりわからなかった。それで、管理職とも仲のいい私が委員長になるわけにはいかないけど協力はするって言ったの。でもうちの会社はウォン・ミジョンがいるから労組が作れないんだって、チョルスン、あんた以外のお仲間はみんな諦めて去って行ったわよね。

そのことで私がどんなに傷ついたかわからないでしょうね。あんたは私のことをなじったけれど、私は自分のどこが間違っているのかもわからなかったし、協力するって言ったのに去って行ったんだから、私に何ができるっていうのよ。それでもあんたに悪いと思ってまともに顔も見られなかったわ。

その一方でもっと積極的に働きかけることもせずにさっさと諦めてしまった人たちに文句のひとつも言ってやりたかった。私みたいに有能な人間を取り逃がすなんてバカな人たち、なんて自分を慰めてみたりもしたけれど……。

そうやって必死の思いで議員修業に明け暮れて一年、他の議員たちがそろそろ底が割れてきたころになって、むしろ私は舌鋒鋭くなっていった。そして原則を断じて曲げない議員活動をしているうちに、私に対するプラスイメージが定着していった。建設業関係には微妙な案件が多く、裏取引があるのではないかと疑われることもあるが、ウォン・ミジョンに限ってそれはありえないという認識が広まり、ウォン・ミジョンが推進するなら自分も推進だという議員まで現れた。市の担当者も新たに取り組む事業については事前説明のために私のもとを訪ねてきた。私が事の当否についてはっきりした態度を示すため、あらかじめ意見を聞きにくるのだった。

市会議員としての活動が徐々に安定し自信がついてくると、希望の光が見えるようになってきた。日々新しい人に会って新しいことを学び、新しい社会に期待が持てるようになっていくことが楽しくてたまらなかった。収穫も大きいだけに努力もまた必要で、苦しく困難な日々ではあったが、世昌物産のころの闘いに比べたら取るに足りなかった。工場で働きながら労働組合活動をしているときも、希望がまったくないわけではなかった。けれど時には眠っているあいだに心臓が止まってしまえばいいのにと思えるほどつらいこともあった。そういうときはほんのわずかでいいから一息つきたいと心から願ったものだ。

労働現場での希望は、地方議会へと闘いの場を移した私に、もうひとつの夢を見させてくれた。選挙に出馬してわかったのだが、何もかも地縁、血縁、学閥といったコネの世界だった。それはある点、女性に不利な要素として作用した。結婚して専業主婦になってしまうとそれまでの関係とは疎遠になり、社会との接点も少なくなるので、票に結びつけるには限界があった。けれど私は女性であることより労働者出身ということのほうが強みだった。業種の違い、会社の違いこそあれ、そして顔は知らなくても、労働者出身ということで基本的な支持層がいた。工場労働者でなくとも、その日の稼ぎを当てにして細々と暮らしている人々はみな支持者になってくれた。労働者出身というのは実に誇らしい肩書きだった。

そんなわけで一期目のときは、なおのこと労働者としてどう生きるかということが関心の対象だった。女性議員として何が大変かというありがちな質問をされることに違和感を覚え、そういう質問には何の意味もないように思われた。女性団体との関係もまた多分に形式的なものであり、私に女性代表という意識が薄かったせいか、女性団体のほうからも具体的な要求はなかった。ただ選挙区そのものは夫婦共稼ぎの家庭が多く所得水準も低い地域だったので、自分と同じく貧しくて学校に行けなかったあの女性議員に頑張ってもらいたいという期待があったはずだ。きつい仕事に耐えながら日々を送る低所得の女性たちは、私が労働者の側に立つ人間であり、また女性だという点にも期待していたのではなかろうか。私のほうも日ごろ顔を合わせている地元の奥さんたちに目が向くようになっていった。経済的な貧困は女性にとって二重の苦しみとなってのしかかってくるものである。一日中家にこもりきりで内職に精を出すか工事現場に出るかして働くだけでなく、食事の支度や家事にも追われ、さらには酔っ払って帰ってきた夫に殴られ、朝早くから起き出して夫や子どもの朝食の支度をして、また仕事に出る。そんな女性たちの姿を見るにつけ、私は少しずつ女性としての自分の生き方に対しても目を開かれていった。

　あんたたちには相手にされなかったけれど、私は広野《クァンヤ》書店［仁川地区で在野運動の拠点の役割を果たしていた書店］に通って「労働」って字のついた本をどっさり買い込んできて、それを読んで勉強しようと頑張ったわ。そんな私に目を留めてくれた店主の紹介で相談所に行ったんだけど、ちょうど東一《トンイル》紡織の勉強会があってイ・チョンガク［第一章参照。全国繊維労組東一紡織支部長］さんに会ったの。それで私の悩みを話すと、彼女は私のどこが間違っていて、あんたたちのどこが間違っているかを教えてくれたわ。それからは集会なんかにも参加するようになって労働運動をしている人たちについて理解しようと努めたけれど、正直言ってすべてが正しいとは思えなかったな。どちらかというと好奇心でビラを読んだり集会に参加したりしていたっていうほうが合ってるかもね。やっぱり私はテニスのラケットを抱えてイヤリングをしてオシャレするほうが好きだったんだもの。

　労組結成の動きがあってから一年ほどたったある日、何人かの男性社員が私のところに来て、労組

ストは決行され、会社じゅう赤旗やプラカードで埋め尽くされた

結成の計画があるからぜひ委員長になってくれって言うのよ。労働法を読んだことはあったけど労組結成についてはよくわからなかった。それであんたを呼んでこれまで一年間悩んできたことを打ち明けて相談に乗ってほしいって言ったのよ。そしたらあんたは、この計画そのものが私を捕まえるためのワナだって言ったわ。あの人たちのことはよく知ってるから、絶対そんなことする人たちじゃないって言ったけど、あんたは絶対ダメだってきっぱり言ったの。だから私は何カ月か待ってほしいってその男性社員を説得しなきゃならなかった。なのに何日かしたらあの人たちがやってきて翌日ストをすることにしたって言うじゃない。その日はあんたが私をイルクン（働く者）教会［仁川都市産業宣教会が一九七一年に活動拠点のひとつとして設立した教会。都市産業宣教会については第一章四二ページの訳者注〈3〉参照］の歴史教室に連れて行ってくれるって約束してた日だった。でもそのことを知ったらイルク

ン教会じゃなくて自由公園［仁川市内の海を見渡す高台にある公園。朝鮮戦争時に仁川上陸作戦を指揮したマッカーサーの銅像があるが、最近はこの銅像を撤去すべきとの声も上がり論争となっている］に連れて行ったのよね。そして夜中の二時までお酒を飲んだんだけど、酔っ払ったせいか、あんたは私にもしかして官製スパイじゃないのかって聞いたわね。「それなに？」って尋ねたら、政府で高度な訓練を受けさせて会社側にも正体を明かさずに送り込んだスパイだっていうじゃない。雷に打たれたような衝撃って表現がピッタリだったわよ。そんなことまで言われなきゃいけないの、という絶望感に打ちのめされて何も言えなかったっけ。そんなふうに色眼鏡をかけた目で見られるのが耐えられなくて、私という人間についてちょっと話したんじゃなかったかな。でもあんたは最後まで私のことを信じられないと言って席を立ってしまった。

結局、一九八八年六月二八日にストは決行されて、会社じゅう赤旗やプラカードで埋め尽くされてしまったわ。このときのストは、前の年の「アリラン」を歌ったあのうぶな集会とは全然違っていた。準備もろくにしないままとりあえずストに参加することにして、あんたが闘争歌の指導をし、私が最低生活費とは何かみたいなことについての話をして、ストを進めたのよ。外部の労働団体も支援に来てくれたけれど会社への立ち入りを禁じられて、労組があればこんなことにはならないはずだという結論になり、ただちに労組を結成することにしたの。でも頼りのあんたも具体的なやり方についてはよくわからず準備不足だったから、とにかく労働法の本を前に置いて、その本を首っ引きにして結成するしかなかったのよね。たぶんあんなふうにドタバタと労組を結成するなんて、それまでどこにもなかったでしょうね。そうやって私が委員長になって、あんたが事務長になったのよ。

一九九八年六月の地方選のころには、仁川では候補者になれそうな人材はほとんどいなかった。私が市会議員に当選するに際して仁川連合の果たした役割が大きかっただけに、その成果も仁川連合と分かち合わねばならなかったが、その後、議員活動を続ける際には大小さまざまな問題がなきにしもあらずだった。考えようによっては市会議員固有の仕事や成果もあるはずだが、それを認めようとはせず、市民団体独自の組織事業にたんなる橋渡し的な役割だけを求めてくることがあり、ぎくしゃくした関係になっていった。そのため互いに相手にはあまり期待しないようになっていった。

資金も組織もなかったが、まったく心配していなかった。そんな状況だったため、一九九八年の選挙で運動してくれたのはもっぱら地元の人たちだけだった。地元のひとりひとりが事務所に必要なものを自腹で買って持ち寄り、これでおコメでも買ってねと言っておカネを出し合って持ってきてくれる奥さん方もいて、選挙事務所はつねに活気があふれていた。あるバスの運転手さんなど勤務のない日に早朝五時から事務所で待ち構えていて仕事を手伝ってくれたりした。こうして地元の人たちとともに選挙戦を闘い、党の関係者を運動員として受け入れることはしなかった。

地元では、私は市会議員というより住民運動の仲間だと思われていた。たいして広くもない私の事務所はいつも地元の人たちでごった返しており、そこで議員として私の取り組むべき仕事はすべて進められていった。選挙結果についてはまったく心配していなかった。一九九七年に松峴洞居住環境改善事業補償審議委員会の委員になり、その活動で得た評価がそっくり選挙に反映されていた。再開発問題で地元の人たちとともに闘争の現場に向かうと、奥さん方が私を守るんだと言ってぐるりと取り囲み、ともに闘ったものだ。そんなふうに地元の人たちと一緒になって走り回った結果、予想をはるかに上回る額の補償金を手にすることができ、選挙運動などする必要もないほど私への信頼は確かなものとなった。こうして私はその年の選挙で仁川広域市議会議員に再選された。

　市会議員になって最初の三年は、何が何だかわからないうちに過ぎていった。何をどうすべきなのか、どうしたらうまくいくのかに四六時中頭を悩ませ、とにかく体当たりで頑張った。そのおかげか二期目は少し余裕が生まれた。過去三年間の活動を自分なりに評価して、どこが至らなかったのか、必要があったのに取り組めなかったことは何なのかを考えた。とりわけ深く反省したのは、女性議員でありながらなぜ女性問題にアプローチできなかったのかということだった。実は女性問題についてはわからないことが多くて、政策を検討しようにも何を突破口に切り込んでいけばいいのかカンがつかめなかった。そこで意識して女性団体の資料やパンフレットを読むよう努めた。やがて少しずつ問題意識が生まれてきたため、ホン・ミヨン［仁川市富平《プピョン》区議会議員、仁川市議会議員などを経て二〇〇四年より与党ウリ党国会議員（比例代表）。一九五五年生まれ］議員と相談して私の所属していた建設委員会と内務委員会の席をホン議員にバトンタッチし、私は文教社会委員会（社会福祉・女性・教育・文化担当）に移ることにした。

女性問題に集中して活動するようになると、取り組むべき課題はあまりにも多かった。ホン議員と協力して女性特別委員会を作り、議長、副議長、運営委員長にすべて女性議員が就任した。それまで仁川市が進めてきた女性政策全般について再検討し、また議員発案により保育条例を制定したこともあった。いったん条例が制定されれば、次はその条例に基づいて予算を確保して保育事業の活性化を図らねばならないのだが、次の選挙結果によっては女性議員の力が弱まって条例が絵に描いた餅になりかねなかった。そのために六カ月かけて関連団体や女性団体と協議し、公聴会を開いたり署名運動をしたりして討論を重ね、それなりの成果を挙げた。それまでおろそかにしていたとの思いから始めた女性問題への取り組みだったが、今では欠くことのできない重要課題になっていた。

私たち、お互いに相手を信じられないまま組合の委員長と事務長になったのよ。そしてただちに「一、労働組合活動の保証、二、賃上げ一七〇〇ウォン、三、ボーナス四カ月支給、四、夏期休暇五日、五、スト中の賃金一〇〇パーセント支給」という要求案を決めて闘争に踏み切った。ウォン・ミジョンはもはや会社に都合のいい人間ではないということをまざまざと知った会社側は交渉を拒否して誠意のない態度を貫き、ストは長期化することになったの。

あんたの亡くなる前の日も、闘争のやり方をめぐって意見が食い違って激しい言い合いになったこと、思い返すたびにやりきれない気持ちになるわ。たんに労務管理士の資格試験のための勉強と思って労働法を学んだ私と、労働者が人間らしく扱ってもらえる社会を夢見て、闘争の第一線をしっかり守っていたあんたとでは、どうしたって考え方が違わざるをえなかった。あんたは最低生活費に合わせて一七五〇ウォンの賃上げを要求すべきだと言ったけど、前年の六〇〇ウォンの賃上げでもみんな拍手して喜んだのに、その三倍も要求するなんて現実的とはいえない主張だって私は反対したのよね。結局は組合員の投票の結果、私の意見が受け入れられて、あんたとの対立はさらに深まってしまった。それに、渋滞に巻き込まれて労使交渉の時間に間に合わなかった社長が入れないようにバリケードを築いてしまったことについても、私はこれでいいのかと悩んだし、社長のことを社長のヤツと呼ぶなんていう些細なことまで気になっていたの。でも「スト資金調達のための連帯集会」の準備をしながら、心機一転、これからは一丸となって闘っていこうって心に決めて、前日の夜は会社で一晩ともに過ごしたのよ。それなのに……。

血だらけのあんたが仲間に背負われて出てきたのを見た瞬間、頭の中が真っ白になってしまった。ましてやあんたが死ぬかもしれないなんてことは想像さえできなかったのよ。病院ではすでに手遅れで手術もできないと言われたけど、かすかな息づかいは、あんたをなんとか私たちのそばに繋ぎとめていたわ。あのとき私の言ったことばはあんたに届いたのかしら。

「何ひとつ約束できないけれど、少なくともこの労組結成闘争はきっと勝利するから。あんたが生涯をかけてやろうとしてきた運動は私が引き継ぐから。自分のことはできなくても、あんたの分はきっと私がやり遂げるから……。そしたら私もきっとあんたのそばに行くから……」

ウォン・ミジョン個人としての闘いはそこで幕を下ろした。あんなにあっけなく逝ってしまうとは思ってもいなかったチョルスンの死に直面し、彼女の果たせなかった闘いを私が受け継ぐことを誓った。それから味わうことになる幾多の苦難、苦痛に、何度となくすべてを諦めしっぽを丸めて逃げ出したい気持ちになったものだが、チョルスンとの約束を裏切るわけにはいかないとの思いが私を駆り立て、しぶとく食い下がっていく原動力となった。

ソン・チョルスンの死を契機に交渉のテーブルに着いた会社側と、「会社からの公開謝罪——ハンギョレ、京仁《キョンイン》日報への公開謝罪文の掲載、労働組合の自由な活動の保証、日当一二五〇ウォンの賃上げ、ボーナス三カ月（翌年から四カ月）、夏期有給休暇三日、スト中の賃金一〇〇パーセント支給、遺族への補償」という内容で合意した。けれど会社は、幾日もしないうちにすべてを白紙撤回し、ありとあらゆる脅迫と暴力を動員して労組を無力化しようとしてきた。そして彼女の四十九日《しじゅうくにち》の法要の日に社長は会社の廃業を宣言、退職金と未払い賃金を支給すると発表し、組合の分裂を画策した。結局、カネを受け取った社員と救社隊［争議の際に「会社を危機に陥れるけしからん輩から会社を救う」という名分のもと暴力を行使してスト破りを謀る集団。会社に協力的な男性社員と雇われ暴力団とで構成されることが多い］が、残っていた一〇〇人あまりの組合員に暴力を行使、四十九日の慰霊祭はそれこそ血塗られた慟哭の時間となってしまった。

その日から二三一日間に及ぶ偽装廃業粉砕闘争が繰り広げられた。たんに私たちの会社だけの問題

ソン・チョルスン追悼祭では、模範的労働組合賞、模範的労働者賞の授与式を行なった

として闘ったのではなく、当時行なわれていたすべての闘争に、世昌労組は連帯し応援に駆けつけた。これは、労働者の問題がたんに社長との闘いで解決すべきものではなく、対政府次元の闘いとして進められなければならないという結論から導かれたものだった。一九八九年三月一五日、偽装休廃業粉砕共同闘争委員会と連帯してソウル汝矣島《ヨイド》の国会議事堂内にある民主正義党［全斗煥《チョン・ドゥファン》政権の与党。一九八〇年結成］イ・ガンヒ議員の事務所に対する占拠、立てこもりを理由に、私を含む四人の同志（世昌ふたり、シルリプひとり、シュアひとり）が逮捕された。

八方ふさがりの状況でいきなり御用となったわけだが、ソン・チョルスンの死を思うと、そんなことくらい何でもなかった。今後自分は何をすべきなのか、ただそのことだけを考えて闘争への思いを新たにした。

世昌での闘いが繰り広げられている当時、私の抱えていた問題は、私が運動の論理についてあまりに無知だということだった。チョルスンに備わっていて私に足りなかったのは、まさにその点だった。四〇もの団体のかかわる合同会議などがあると、何の話をしているのかさっぱりわからなかった。プライドが傷ついたからなのか惨めさからなのかはわからないが、トイレに駆け込んで泣いたことがどれほどあったことか。食事も喉を通らないほどだった。何ひとつ理解できないまま徹夜で会議に出席し、翌日また闘争の現場に出ていくという日々の繰り返しだった。逮捕され裁判にかけられて、検察側が訴状を読んだときに、これこれの本は読んだことがあるかと尋ねられたのだが、聞いたこともないような書名ばかりだった。こういう本も読まずに何が闘争だと皮肉る検察のことばに私のプライドは傷ついた。拘置所にいるあいだに、面会に来た人たちが差し入れてくれた本も難しくてなかなか読み進むことができなかった。私の知らないことがこんなにも多いのかと思い腹が立った。釈放されるとすぐに必要な本をどっさり買い込んで読みふけった。また捕まって検察に尋ねられたら堂々と答えてやる、などと子どもじみたことも頭をかすめたような気がするが、そんな機会は再びめぐってはこなかった。

平和民主党と会社から嘆願書が提出され、八月に執行猶予の判決が出て釈放されたが、世昌闘争はすでに終わっていた。三月一〇日、労組が裁判所に提出していた賃金支払仮処分申請が受理され、廃業期間の七カ月分の平均賃金の六〇パーセントの支払いを命じる決定が下された。その後、会社側は積極的に交渉を持ちかけてきて、四月二二日に偽装廃業に対する公開謝罪、闘争期間八カ月分の賃金と解雇手当六カ月分、そしてこのかんの闘争費用全額を支払うこととし、世昌物産の偽装廃業粉砕闘争は終結した。

世昌物産は今はもう存在しないが、私たちにはソン・チョルスンがいた。チョルスンのことを胸に刻み、私たちはあの夏の熱い闘いの意志を忘れまいと誓い合った。どんなかたちであれ彼女の死を顕彰したいと思い、闘争費用の三〇パーセントを拠出して追悼委員会の事務所を作り、追悼事業を行うものとする念書まで取り付けた。けれどその議論の過程で、あの闘いの成果をソン・チョルスン個人のものとするより仁川地域の労働運動全体のものへと拡大したほうがいいという方向に意見がまとまった。その結果、仁労協に全額（二七〇〇万ウォン）を寄贈してソン・チョルスン追悼祭を共同で開催し、追悼委員会の事務所を仁労協内に置くことで合意した。その後二年間、仁労協代議員大会の第二部のイベントとしてソン・チョルスン追悼祭を行い、追悼委員会主催で模範的労働組合賞、模範的労働者賞の授与式を行った。やがて一九九一年の地方選を控えてウォン・ミジョンを仁労協の公式候補とするか否かをめぐる論争があり、その後遺症なのか、仁労協から追悼祭は代議員大会の性格にそぐわないとの申し立てがあった。それからはソン・チョルスン追悼祭は世昌の同志が集まって南楊州《ナミャンジュ》市磨石《マソク》の牡丹《モラン》公園［民主化運動、労働運動にかかわった人々の共同墓地公園］で行なっている。

私にとって三期目となる選挙のあった二〇〇二年は、サッカーワールドカップの熱気一色で盛り上がった特別な年だった。そのため選挙はいつ始まっていつ終わったのかもわからないくらい埋没してしまったが、立候補する当事者にとっては予備選挙制の導入により混乱をきわめた選挙となった。予備選挙そのものは民主的な方式であり、それによって国民の政治参加の機会を増やして候補者選びをガラス張りにできるという名分はあったが、基本的に資金力があって代議員との関係を維持していける男性候補に有利に働く素地があり、多くの女性候補は予備選挙への出馬そのものを諦めてしまうか、出馬しても最後まで勝ち残れなかった。

私はその二〇〇二年六月の選挙に僅差で敗れてしまった。金大中政権末期に民主党非主流派の側についたことが原因になったとはいえ、あんなに頑張って働いたのに、と裏切られたような思いを拭い去ることができず、落胆は大きかった。確かにそれまでの日々ですっかり疲れきってはいた。だからいっそのこと落選して休む時間でもほしいものだなどと考えていたのだが、本当に落選するとは思ってもみなかった。誰もが落ちるとは予想外だったと言い、市の担当者も記者もウォン・ミジョンは市政にぜひとも必要な人材だと挨拶に来てくれたが、それが心にもないお世辞とばかりは聞こえず嬉しかった。

どの党に属していようと関係などなく、つねに地元の支持票があると確信していたのだが、それはあまりにも安易な判断だったようだ。大統領選挙後のウリ党との分裂により民主党はいっそう立場が弱まり、実際にウリ党に合流するほうが私の政治的色合いとも合っていた。けれど民主党の公認候補として市会議員を二期務めた私としては、その義理をあっさり捨て去る気にはなれなかった。結局、民主党の公認として翌二〇〇三年一〇月の補欠選挙と二〇〇四年の総選挙にも出馬したが、いずれも落選してしまった。

今年も命日に牡丹公園を訪れた。チョルスンは在りし日の姿でそこにいた

深い反省の時を送った。もしかしたら一箇所に長く留まっていたことで、私自身の思考も停止してしまっていたのかもしれない。私なりにベストを尽くして私と同じように貧しく弱い立場に立つ人たちのために精一杯働いてきたつもりだったが、実は身に馴染んだ仕事の気楽さにかまけて怠惰な政治屋になってしまっていたのかもしれなかった。今、これまで重ねてきた日々を深い反省をこめて振り返りつつ、自分の原点がどんな姿だったのか見つめなおしてみたい。政治の世界の外側からつねに私を支持し手を差し伸べてくれた女性団体の人たちともじっくり話し合って、ともに取り組んでいける事業を立ち上げてゆくことになるだろう。

七月一七日、今年もまたソン・チョルスンの命日に合わせ牡丹公園を訪れた。チョルスンは在りし日の姿でそこにいた。彼女を失って私ひとり過ごさねばならなかった長い月日が脳裏をよぎり、涙があふれてきた。

チョルスンは私に向かってあたたかな微笑みを投げかけてくれた。

【訳者注】

〈1〉韓国では二〇〇二年度の中学新入生から段階的に中学教育の無償化が実施され二〇〇四年度に完成した。実際には中学に通わない子どもはほとんどいなかったが、それ以前は中学教育は有償で、家庭の経済事情により通えない子どももいた。六〇年代にはそういう子どもは珍しくなかった。

〈2〉韓国プロテストソング界のスーパースター。一九六六年生まれ、延世《ヨンセ》大学在学中から活動を始め、「セビョク（夜明け）」「ノレルルチャンヌンサラムドゥル（歌を求める人々）」等のメンバーとして活躍、一九八九年よりソロ。代表曲『松よ、青い松よ』、『鉄の労働者』など。

〈3〉一九七〇年代に朴正煕《パクチョンヒ》政権のもと大々的に展開された農村近代化運動であるセマウル運動の一環として行われた零細民救済事業。一一月から三月の農閑期を利用して農民、零細民を公共事業の労働力として動員して各種インフラ整備を行った。働き口のない者にとっては現金収入を得る最後の手段だった。

〔翻訳〕萩原恵美

第六章　意識を取り戻したら、そこはゴミ埋立地だった

チョン・ソンスン（鄭善順）略歴

一九五八年　三月一五日、全羅北道《チョルラプット》金堤《キムジェ》郡鳳南面《ポンナンミョン》月城里《ウォルソンニ》に生まれる
一九七四年　元豊《ウォンプン》毛紡に入社
一九八二年　労組委員長に就任、同年一一月に元豊毛紡労働組合死守闘争により逮捕される
一九八三年　三月、一年六カ月の判決を受け、八月、光復節特赦［韓国では特赦はよく行なわれる。代表的なものが新大統領就任時と毎年八月一五日の光復節（日本からの解放記念日）の特赦である］で釈放される
一九八四年　三月、韓国労働者福祉協議会運営委員に就任
一九八五年　民主統一民衆運動連合総務局長として在野運動を展開
一九九〇年　韓国民主労働者連合委員長
一九九五年　ソウル市議会議員に当選
二〇〇〇年　社団法人緑色環境運動理事として環境運動に着手
二〇〇二年　同運動共同代表に就任する［当時］
現　　在　ソウル市議会議員（比例代表）

五日間という約束で、ソウルにある伯母の家に遊びに行くつもりで列車に乗り込んだ。ソウルへの憧れで胸ははちきれんばかりで、この目で確かめてみないことには今にも思いが爆発してしまいそうだった。

「ソウル見物ができるだけで幸せよ。そしたら田舎に帰って親兄弟と一緒に暮らしながら家事手伝いをして、適当な時期にいい人とお見合いして結婚して子どもを生んで……そうやって、思い描いたとおりのわかりやすい人生を歩んでいくのね、私も」

けれど私は、その五日間の約束を守ることができなかった。私は一六歳。あたかもメルヘンの世界のごとく目の前で繰り広げられるソウルでの日々を、こんなの関心ないわと目をつぶってしまうにはあまりにも幼く夢多き年頃だった。大通りに一歩足を踏み出しさえすれば、おいしそうなもの、楽しそうなことが溢れており、何であれ学ぼうと決心さえすればできないことなどなさそうに思えた。靴底をドロだらけにしなくてもいくらでも歩き回ることのできるアスファルトの道……。そんな道を歩きながら見果てぬ夢を叶えてみたかった。

秋になると地平線の果てまで黄金色に波打つ広々とした平野。稲作専業農家が一〇〇世帯以上も集まって暮らす全羅北道金堤《チョルラプットキムジェ》の田舎が私の生まれ育った場所だ。実り豊かな広大な土地を持つ一族の本家だったため、食べるものには困らない恵まれた子ども時代を送ったが、女性はつねに慎ましやかであるべきだと考える保守的な家だったので、五人兄弟のうち男の子ふたりと女の子三人の間には厳しい区別があった。けれど私はやりたいこともなりたい職業もたくさんある積極的で夢見がちな子どもだった。小さなころから課せられたことは何が何でもやりとげないと気の済まない性格だった。小学校を卒業してからも勉強への未練を捨てきれずに、授業料さえ出してくれるなら何でもするといって中学に行かせてもらったが、それ以上期待することはできなかった。しかも兄たちの学費やら事業資金やらで田畑を切り売りしていったため、家は次第に傾いてゆき、凶作の年には学費も出してもらえないほどだった。

実際私の一日は、学校で過ごす時間より家事に追われる時間のほうが多かった。私が中学生のころ、姉はもう結婚しており、一二歳も下の妹は私がおんぶして学校に通わなければならないことも多かった。学校から帰ると妹をお風呂に入れて食事をさせて、家事に野良仕事までやらなければならなかったが、学校に行かせてもらっているだけでもありがたかったので不平は言えなかった。学校はとても楽しかった。学校まで二キロメートル以上の道のりは歩いたり走ったりスキップしたり、通学はちっとも苦にならなかった。大学まで行かせてくれるなら妹は自分が責任を持って学校に行かせると頼んだが、それは許してもらえなかった。中学を卒業して家事手伝いの日々を送っていた私は、ひょっとしたら一種の反抗心からソウル見物にやってきたのかもしれなかった。

ソウルに来て一カ月ほどたったころ、伯母のもとに手紙が届いた。兄は養蚕の仕事で忙しく家事は私が一手に引き受けていたので、私がいなければ兄が大変なのはわかっていた。そのうえ女が外を出歩くなどもってのほかと考える家だったため、殺伐とした都会での暮らしに流されていく私を、もはやほうってはおけなかったのだ。毎日のように私を送り返させよという手紙を送っているのに音沙汰がないので、業を煮やした兄がソウルに迎えに来るという最後通告を送ってきたのだ。捕まったら脚の一本もへし折られそうなほど殴られると思ったので、すっかり怖気づいてしまった。

そのころ、元豊《ウォンプン》毛紡の社員募集広告を目にした。とりあえず兄から身を隠さねばならないと思い、願書を出して逃げ込むように会社の寮に入った。三カ月くらい働いて給料をもらい、家族へのおみやげでも買って帰れば少しは堪忍してもらえるだろうと考えたのだ。


たまたま知り合いを介して元豊に入ることのできた私は運がよかった。全部で二七〇〇人の社員のうち二一〇〇人が女性労働者だったが、当時は入社基準が厳しくて容姿端麗で背も高くないとダメで、おまけに裏金を使わないと入社できないほど競争が激しかった。でも私の入社した一九七四年六月は、パン・ヨンソク支部長を中心とした労組の新執行部体制がスタートし、民主労組の基盤づくりをせっせと進めていた時期だった。労組は団体交渉で、採用の際に身長や容姿で差別してはいかんという規定を設ける約束を取り付け、背の低い私はその第一期生としてしっかり恩恵に与ったというわけだ。

会社について何も知らないまま入社したので後でわかったことだが、元豊毛紡はちょっと特別な会社だった。元豊の前身である韓国毛紡は一九七三年六月に経営不振で不渡りとなり、社長ほか経営陣が姿をくらましてしまった。すると労組は韓国毛紡収拾対策委員会を作り、下請けのかたちで会社経営に成功、四カ月後に第一銀行の選任した経営陣に経営権を移譲した。そして一九七四年一二月に韓国毛紡を引き継いだ元豊産業が労組の要求条件に合意、労組は全国繊維労組元豊毛紡支部と改称したのだった。その後一九七〇年代後半を通じて、元豊毛紡労組は京畿道《キョンギド》・仁川《インチョン》地域の民主的な労組をリードする役割を担うこととなった。

はじめての会社勤めはとても楽しいものだった。二交替で背広用の布地を生産する仕事だった。背の低い私は加工課修正部に配属となり、ずっと午前六時出勤、午後二時退社の早出班で働いた。一日中かんかん照りの下で野良仕事をしていたことを思えば、少しもきつくはなかった。やや気がかりなのは、もともと内気な性格でなかなか友だちが作れないほうだから、寂しいときはどうしようということくらいだったが、それも組合のさまざまなサークル活動に参加していたので、ひとりぼっちになってしまうことはほとんどなかった。一五人で一部屋の寮のグループ、工場で同じラインを担当する仲間のグループ、学校の友だちどうしのグループなどがあり、家のことなどすっかり忘れさせてくれた。

それまでの押さえつけられていた欲求をサークル活動で解消したかった

まるで背中に翼が生えてフワフワと飛び回っているような気分だった。給料をもらうと真っ先に簿記教室に申し込んで資格を取るための勉強も始めた。女なんて自分の名前が書ければじゅうぶんだと考えていた我が家の空気の中で押さえつけられていた欲求を一気に解消したかった。登山サークルにも加入して全国の山という山で登っていないところはないというほどせっせと活動した。そうすると授業料やサークル活動の費用で給料の大半が消えてしまったが、それでも給料の一割は欠かさず実家に送っていた。後で知ったことだが、父はいくらにもならないその送金を、これほどありがたいものはないと言っていたそうだ。

最初に考えていた三カ月はそんなふうにあっという間に過ぎてしまった。けれどこのまま夢をきっぱり諦めて田舎に戻らなければならないなんてとても考えられなかった。いつまでもウジウジと悩んだりはしなかった。やっと手に入れた自分自身への期待をここで諦めてしまうことなど絶対にできなかった。結局、当初の計画を修正して、悩むのは三カ月後に先延ばしすることにした。けれどその三カ月が一年になり三年になっても実家には戻らなかった。

一九七六年、部署内に仲間の和を深め苦しみを分かち合おうという思いをこめて「ケミ（蟻）」という名の親睦グループが作られ、私がそのグループ長になった。当時、元豊労組には七、八人の小グループが五〇～六〇もあり、活発に活動していた。グループ活動は、労働者が人間らしく生きていける社会を目指すという目標を掲げ、労組の基盤強化のための手段として、なくてはならない組織と認識されていた。現場で発生するあらゆる問題は、それぞれのグループ内の討論を経て上部に伝えられ、日常の活動を通して組合員は労働者としてのアイデンティティを強めていった。

けれど私は、そのグループと労働組合とを関連づけて考えることができなかった。ただ一四人の仲間の個人的な愚痴のはけ口にし、四季折々登山をし、実の姉妹のように悲しみや喜びを分かち合うという意味づけを大事に思って、ただせっせと活動をしていただけだった。そして、楽しくてたまらなかったそのグループ活動が、やがて私を労働組合という巨大な組織の中へと導くことになろうとは想像さえしていなかった。

一年後、私は全員一致で代議員に選出された。でも、労働組合活動に積極的にかかわらねばならないのかと思うと気が進まず、最初は代議員になどなりたくないから引き受けられないと固辞した。労組の勉強会に何度か参加して、労組とはすごく頭がよくて特別な人たちの活動するところ、という印象を受けたからだった。それに仲のいい子の中にはグループ活動さえおざなりな子もいるのに、私が代議員になったりしたらそういう子たちは居心地の悪さを感じて私を避けるようになるんじゃないかと思い、それが怖くてどうしたら引き受けずに済むかばかり考えていた。そうやって半年ほどぐずぐずしていたろうか。けれどやがて代議員の勉強会に参加したり労組の幹部と交流を深めたりしていくうちに、労組について少しずつわかってゆき、労組の活動というのは家族や兄弟のために一歩前に出ることに過ぎないのだということに気づき、一九七八年からは代議員活動を少しずつ始めていった。

腹をくくって気が楽になったからか、代議員の仕事は、与えられた仕事にコツコツとベストを尽くして取り組む私の性格にピッタリだという気がした。考えていたほど大変なことでもなかった。労働条件や部署内の問題処理、不当待遇、差別待遇のような現場での問題をグループ「ケミ」の活動を通して拾い上げ、組合に伝えるという仕事が中心だった。一九七八年、一九七九年にはイチゴ狩りや梨もぎ、ハイキングに行って撮った写真がアルバム四冊分にもなるから、グループ活動がいかに活発だったかわかるだろう。

そうやっていくうちに少しずつ労働組合とは何か、人は何を頼りに生きていくべきかということについて、深く真剣な疑問が心の中に芽吹いてきた。田舎にいたとき、なぜ中学に行かせてくれるだけであれほど感激して、家事に明け暮れる毎日を送らねばならなかったのか、なぜあれほどソウルに行きたかったのか、今なぜ労働者として生きていかねばならないのか、すぐ身近にいる私と同じ労働者という立場の人たちはどういう人間なのか、そして私の生きているこの社会はどんな姿をしているのか……。

あのころのことをただ楽しく浮かれてばかりの日々だったと思い返すには、一九七〇年代後半はあまりにも暗く希望のない時代だった。朴正熙《パク・チョンヒ》政権の暴力的弾圧は頂点を極め、連日それに抵抗する労働者、学生、市民の闘いが、弾圧に屈することなく、むしろ力強く続けられていた。

一九七九年、代議員も三年目となり懸命に仕事に取り組んでいた私に、組合組織部次長という役目が与えられた。胸にズシリと不安が押し寄せ、目の前が真っ暗になったような気がした。代議員を引き受けるときでさえあんなに長いこと迷ったのに、労組の幹部を引き受けよとは、それはまったく次元の違う話だった。微力ながら組合の役に立つならベストを尽くそうと思い、我ながらよく頑張ってきたと思っていた。だがその先まで突き進むには、いつ刑務所に入れられてもいいという覚悟が必要だった。果たしてそんなことができるだろうか。公務員をしている次兄や家族は何と言うだろうか。班長を務める大親友のあの子は私のことをわかってくれるだろうか。これから起こるであろうすべてのことに自信がなかった。何でもやるから幹部だけは勘弁してほしいと頼み込んだが、組織部長は断るわけにはいかないときっぱりと言い切った。胸の内を打ち明けて相談できるような相手もおらず、ひとり涙しながら思案に暮れ、いっそのこと会社を辞めてしまおうかとさえ思った。だがそれはできない相談だった。こんな厳しい状況にあって、自分ひとりだけラクになろうと逃げ出してしまうのは許されないことだった。

そうやって半年ほど悩んだ末にようやく吹っ切れたのは、幹部を務める先輩方の励ましと慰めがあったからだった。自分たちもみな同じ思いをしてきたのだといって肩を叩いてくれただけでも、目が合うたびににっこり微笑んでくれただけでも、大きな力になった。「そうよ、やってみなくちゃ！」。つらく厳しい仕事だけれど、正しいことに挑戦しているのだという自負の念に、妙なスリルさえ覚えたのだった。

組織部次長の仕事を引き受けてからというもの、目も回るほど忙しい日々の連続だった。一週間のうち自分のために使える日はたった一日しかなかった。それで仲のよかった友だちともいつの間にか距離ができてしまい、むしろ組合の幹部やグループ長といった人たちと親しくつきあうようになった。やはり同じ喜びや悲しみを分かち合い、すべてを包み隠さず共有できる同志だったからこそ自然とそうなっていったのだろう。

組合員全員が一度は幹部を経験する試みを通じて、闘いの力を強化していた

生活の中心を労働組合という空間が占めるようになっていた。一泊二日の合宿に行って二日間徹夜で騒ぎ、月曜の朝六時に出勤しても疲れも知らずに楽しく働いていた。家族でもないのにまるで肉親のようにあたたかく抱きとめてあげたい仲間がいるということは、いかに素晴らしく大事なことだろう。私にとって労組とは、まるで幸せを生み出す魔法の小箱のようだった。

元豊はどの会社よりもグループ活動が活発だった。当時、代議員や常任執行委員会幹部はみなグループ活動にもかかわることになっており、現場での問題は部署内の幹部と組合員との話し合いで解決することが原則で、労働組合は組合員全員が一度は幹部を経験するという試みを進め、部署単位での闘いの力を強化しようとしていた。組合活動は強制されてやるものではなく、日常の活動の中で自然と取り組むことができるもので、みんなで楽しむ趣味のサークルも数十グループあった。グループの中には労組と積極的に連携しているものも、かかわりの薄いものもあった。また、家庭生活で物足りないと感じている部分をグループの活動を通して少しでも満足させられるよう、システムを組み立てていった。二五〇〇人の組合員がひとつ以上のグループに所属するようにしたこのシステムは、やがて労組への固い信頼の礎となり、組織の解散までひとりの脱落者を出すこともなく一丸となって進んでいける組織方式として定着していった。私もその組織の一員としてありったけの情熱を注いで活動したため、私のやらんとしていることを一人ひとりの組合員に実践として示すことのできる窓口となった。つまり、私は心身ともに労働組合の一部となり、ある意味では家族のことになど思いを致すこともなく生きていたのだ。

一九七九年一〇月二六日、朴正煕大統領が金載圭《キム・ジェギュ》KCIA部長の凶弾に倒れ、一八年五カ月間の軍事独裁政権が幕を下ろした。けれど旧政権を支えていた支配勢力の存在は、なお希望を語ることのできない暗黒の時代の続くことを予告していた。それでも一縷の希望を取り逃がすまいと、民主の側に与するあらゆる陣営は戒厳撤廃を求めて運動を繰り広げ、労働界も民主化への熱い思いをひとつにまとめ「労働基本権確保全国決起大会」を労総会館［韓国労働組合総連盟本部ビル。当時まだナショナルセンターは韓国労総しかなかった］で開催した。だが三日後の一九八〇年五月一七日深夜零時を期して全国に発令された戒厳拡大措置は光州《クァンジュ》市民を武力によってなぎ倒し、全斗煥《チョン・ドゥファン》の時代が幕を開けた。

私たちはそういう暗澹たる時代を生きていた。政治権力が社会や文化、人々の考え方までも統制し支配しようとする、そんな時代だった。一九八〇年の凄まじい弾圧の嵐は、元豊労組にもそれまでにない試練をもたらした。寮の周辺を重装備の軍服姿の一群が取り囲み、工場には合同捜査本部の人間が配置された。特に労組幹部には集中的な監視の目が光り、耐え難いほどの苦痛だった。私にも張り付きの刑事がいてつねに尾行されていたため、屋台にトッポッキ［米の粉で作った餅をコチュジャンと砂糖で甘辛く炒めたもの。若い女性に人気のおやつ］を食べに行くときも気を許すことはできなかった。恐怖と不安の日々だった。けれど、闇が深ければ深いほど光への渇望は激しくなるもの。私たちに加えられた不当な弾圧は、この息苦しく不自然な状況をなんとかして打破しなければという意志をかえって固くさせる結果となった。

ソウルに来て三年たち、ようやく許しを得て雪解けを迎えた実家との関係も、再びぎくしゃくしてしまった。公務員だった次兄の職場にまで刑事が訪ねていったらしく、実家は大騒ぎだったようだ。兄から労組の幹部など辞めちまえと言われたが、私は労働組合活動の正当性を説明し、むしろ兄を説得しようと努めた。兄嫁もまた私への不満をあらわにして、このしっくりしない関係は何年も続いた。

パン・ヨンソク支部長とパク・スニ副支部長が「金大中《キム・デジュン》内乱陰謀事件［金大中を光州事件の首謀者と

して当局がでっちあげた事件。この事件で金大中は死刑判決を受ける」に関与したとして指名手配され、労働組合は職務代行体制に入った。さらに労組つぶしを狙う本格的な弾圧が始まり、一二月一八日を前後して労組幹部と代議員は全員合同捜査本部に連行された。そして韓国労働組合総連盟主催の基本権確保決起大会への参加の有無、光州事件後の募金や支援の内容、都市産業宣教会［第一章四二ページ訳者注〈3〉参照］への加入の有無と教育内容などについて調査しては言い掛かりをつけ、不法集会にかかわった責任を取って辞表を書くよう強要するなど、ありとあらゆる暴言と暴力を浴びせかけた。

ついに来るべきときが来てしまった。労働組合活動をしていく過程で徐々にポストが上がっていくたびに、それを引き受けることをためらい悩んだのは、権力に抵抗すれば不当な代価を支払わされるハメになるからだった。それは私だけでなく誰しも同じだったろう。私は一五日のあいだ合同捜査本部から帰してもらえず、ありとあらゆる懐柔に脅迫、ショッキングな暴言を浴びせられ、頬や頭を殴られ足蹴にされて、血と涙とを流して耐えつづけた。あれは地獄だった。生きてここを出ることは叶わないかもしれないという恐怖に襲われたりもした。だが私は負けなかった。不義に対しては決して妥協すまいという信念を最後まで貫いた。おそらく他の仲間もみな私と同じ強い意志であの日々を耐え抜いたことだろう。

連行された人たちばかりではない。残っていた組合員も臨時執行部を組織して組合事務所を守り、決してつぶされてなるものかと闘いの意志を燃やしていた。組合員が会社の用意したクリスマスのご馳走に目もくれず沈黙のまま頑張っていると、合同捜査本部に連絡が来た。私とイ・ムスル［ともに合同捜査本部に連行された組合幹部のひとり、後に支部長に就任」を会社に連れて行き説得するようはからってほしいとのことだった。何日も恐怖の中で苦しめられてきた私は、組合員みんなの姿を見ると悲しみがこみあげてきてあふれる涙をどうすることもできなかった。私たちを見て歓呼の声を挙げる仲間たちと抱き合って三〇分も泣いた。それから再び捜査本部に連れ戻されたが、私は組合員のみんながいる限り絶対に倒れるものかと覚悟を決め、力を得た。私の調査を担当した捜査官でさえ元豊の組合員に感動したと言ったのを聞いて、自分のしてきたこの労組の活動は、簡単につぶされてしまうような弱々しいものではないということを確信できた。

捜査官：自分の刑事人生三五年の中で、元豊の調査のときほど涙を流したことはなかったな。自分たちのしてきた活動になんであそこまで自信があるんだろう。どこかで集団トレーニングでも受けでもしたかのようにみな口々に同じことを、それも滔々と語るじゃないか。

私：別に口裏を合わせたわけじゃなくて、それが私たちの思いのすべてなんです。

捜査官：おまえら、運が悪かったんだよ。おまえらの指導部が朝鮮総連に抱き込まれて光州に行ったアカどもから指令を受けたんだ。その総元締めが金大中で、パン・ヨンソクがそそのかされておまえらを騙して急進的な考えを吹き込んだんだ。おまえらは何も知らないんだよ。

私：だったら私たちに政治的な行動をけしかけるはずでしょう。でも私たち、現場をしっかり守って自分の務めを果たせって言われました。私たちは労組の活動をしていただけなのに、それで死ななければならないというなら仕方ありません。人間らしく生きようと思ってしたことなのに。目の前で誰かが苦しみつらい目に会っていたら、手を差し伸べるのは当然じゃないんですか。

このとき連行された四八人のうち四人は原州《ウォンジュ》の三八師団で馴化教育を受けることになり、一四人は解雇、私を含む複数の幹部は現場に復帰した。

私が元豊で働くことになったのは運がよかったからで、だから組合員になり労組の幹部になったことが誇らしかった。元豊が労組弾圧のターゲットになったのは一枚岩で動く組織力と完璧なまでに隙のない財政力と管理体制のせいだったと捜査官が自ら証言するほど、元豊労組は組合員を中心に一致団結していた。こうした息詰まるような弾圧の局面で、自分たちの信念をいかに失わずに掲げつづけていけるかが当面する最大の課題だった。

一九八二年二月一八日の年次代議員大会で、イ・ムスルが支部長に、私は副支部長に選出された。パン・ヨンソク支部長とパク・スニ副支部長の指名手配はなお続いており、労働組合の安定的運営のために指導部を一新し規約も改正した。個人的には、副支部長というポストはあまりにも分不相応な責任の重い地位だと思っていた。当然不安で、うまくやっていけるかどうか心配だったが、すでに引き受けようかどうしようかなどと迷っていられる状況ではなかった。

ただ心を痛めたのは、遠い親戚にまで圧力がかかったのか、公務員をしている親戚が実家にねじ込んできて両親に私を引っ張ってでも連れ戻せと怒鳴ったとか罵倒していったとかいうことだった。陰でそんなひどいことを言われて、私が病気にでもなるのではないかと心配した母は、花祭りの日に人知れず寺にお参りして私のために灯明を点したのだといって目頭を押さえた。ご近所の人たちもあそこの家の娘は一族の恥さらしだといって後ろ指をさしていたという。一九九五年にソウル市議会議員になったとき、よかったと思えたことのひとつが、実家に帰って両親の自慢の娘としてご近所の人たちに挨拶できたことだった。

新執行部はスタートしたものの、解決すべき課題は山積していた。そんな折り労働省は、労組が組織を再編するための時間的余裕も与えぬまま釜山《プサン》にある元豊タイヤ工場労組との統合を強要してきた。その隙を狙って会社は、労組の実権をタイヤ側に握らせるために組織の分裂工作を試み、賃上げ要求交渉のテーブルに着かず新執行部を苦境に追い込んだ。毎年一月に行なってきた賃上げ要求はとうとう三月一三日になるまで始まらず、その後一二回に渡って団体交渉を試みたが、労組側も容易には集団行動に出られないだろうと判断した会社側は交渉に誠意を示さず、賃上げの妥結は八月二九日まで持ち越された。

統合による労組の弱体化を図った会社側の計画が水泡に帰すと、一二月二四日に「品質管理（QC）運動」を妨害したという理由でふたりの労組幹部を解雇し、弾圧を強めてきた。一九八〇年一二月に戒厳司令部によって幹部が解雇されて以来の解雇事件だった。これは団体協約第二三条の懲戒の決定の労使協議制という条項に違反する会社側の一方的な措置であり、絶対に受け入れ難いことだった。そのさなかに年末ボーナスの五〇パーセントカットという事態が起こり、組合はただちに解雇撤回、ボーナス全額支給を求めて座り込みを行なったが、一九八二年の年始休暇を迎え自主的に解散した。そして年明けの出勤初日となる一月五日と六日の二日間、勤務時間後に「不当解雇撤回」、「ボーナス全額支給」を訴えて座り込みを続けた。

会社側の不法行為に対抗するこの闘いの過程で、支部長の生ぬるい態度が問題となった。こうした状況がいずれ労働組合の分裂へと向かっていくのではないかという不安が渦巻くなか、支部長が突然辞表を提出した。「労働節」〈1〉を二日後に控えたこの時期に、労組の代表が空席のまま集会を行う場合に起こりうるさまざまな問題に対処するために、緊急に状況を調整する必要があった。

またもや私に重大な決断の時がきてしまった。緊急常任執行委員会議が招集され、私が支部長代理に選出された。選択の余地はなかった。組合にとってもきわめて厳しい時期であり、労組つぶしを狙うさまざまな圧力が真綿で首を絞めるように迫りくるなか、支部長の役割はこの闘いに勝つにせよ負けるにせよどうしても必要なものだった。もちろんその過程で逮捕される可能性はほぼ一〇〇パーセントといってよかった。それでもこの仕事は私が引き受けねばならないのだという結論が出たので、そのプレッシャーたるやものすごいものだった。あまりにも急なことで、果たして自分がそのすべてに耐えられるのだろうかと恐ろしくなった。そこで三月一〇日の集会をとりあえず済ませて、一五日の臨時代議員大会で他の人を選びなおしてほしいと要求した。

支部長を務められるような性格じゃない、いっそのこと死んだほうがましだと訴えたが、三月一五日に開催された臨時代議員大会で一二〇人の代議員の全会一致で支部長に選ばれた。断ることはできないが引き受ける気にもなれず三時間ほど泣いたように思う。けれど誰かが引き受けねばならない仕事だった。それも捜査官さえもあっぱれと言ってくれた元豊毛紡労働組合ではないか。私自身には何の力もないが、私を信じて支部長に選んでくれた組合員がいる限り、つぶされることは決してないはずだ。組合員にも、ひとりでは何もできないが団結すれば国にも立ち向かえる力が持てるのだという鉄の意志があった。そんな組合員と一緒なら何だってできないことはないとの覚悟で歯を食いしばった。

私が支部長になると、国家安全企画部から労働省まで、そして軍出身の新社長も挨拶に来いと大騒ぎだった。まずは社長に会ってそれまでの経緯をすべて説明し、労使のあいだに残っている問題の解決に向けて積極的に関心を払ってもらえるよう求めた。そんな私の考えに心を動かされたのか、社長は正直に心情を語り、現在直面している労使間の問題は政府が政策的に解決すべきであって、労組と会社だけで解決すべき次元の問題ではないと本音を打ち明けた。自分も好きでこんなことをしているのではないと言っていた社長は、ほどなく辞任してしまった。

すでに東一《トンイル》紡織、半島《パンド》商事、コントロールデータといった会社の民主的労組はつぶされ、今度は元豊毛紡の番だった。会社は労組弱体化を狙って退職者分の充員も行わなかったため、組合員数は九〇〇人あまりに過ぎず、仕事も清州《チョンジュ》紡織などの下請け会社に回されたので、工場の稼働率は三〇パーセントにまで落ち込んでしまった。こうした状況で会社は些細なことにまで言い掛かりをつけて現場の和が乱れるよう仕向け、さらには業務命令に従わないとか社外で会社を誹謗する言動を取っているなどというバカげた理由で一〇人を解雇、六人を警告処分とした。それに抗議する組合員や組合幹部にも見せしめのつもりか暴力を振るった。

これ以上引き下がるわけにはいかないところまできてしまった。私にも辞任を求める圧力がつねにかけられており、対話による労使関係の正常化はもはや不可能と判断せざるをえなかった。じりじりとした緊張の日々が続き、今にも闘いの火蓋が切って落とされそうなギリギリの状態だった。五月一八日には南部警察署の刑事が道を歩いていた私を力づくで乗用車に引きずり込み、一日中連れ歩いて執拗に辞任を求めた。現場での恐怖はとても口に出せるような状況ではなかった。身体検査も寮の管理人がするのではなく、重装備の軍服姿の軍人によって行われるようになり、恐怖の雰囲気はいや増しになった。

九月二六日日曜日の午後三時。会社の掲示板に組合のパク・スネ副支部長とイ・オクスン総務、組合員のパク・ヘスクとキム・ヨンヒの四人を解雇するとの公告が貼り出された。もはや全面対決は避けられない状況だった。いずれにせよ長期戦になるはずだから、秋夕《チュソク》［旧暦八月一五日に先祖を祀る年中行事。韓国では前後三日間が祝日で会社や学校も休業となり多くの人々が帰省する］休み明けに闘争を行うとの計画を立て、翌朝から労組幹部と代議員が組合事務所に集まって対策会議を開いていた。ところが午後一時ころ、朝から集まってざわついていた四〇人ほどの男性社員が殺気立った様子で組合事務所のドアを破って一気になだれ込んできた。とっさに私は組合事務員のキム・インスクに組合の預金通帳と印鑑を身に隠し持っているよう指示した。凶暴な暴力集団と化した男性社員たちは事務所の家具や備品を叩き壊し、労組幹部と代議員を全員追い出してから事務所のドアを釘締めにして立ち入れなくし、私とキム・インスクを監禁した。そして事務所をしらみつぶしに探し回ったが結局何も見つけられず、午前四時ころになってキム・インスクを解放した。

班長を務める女性社員まで一緒になって私に辞表を書けと迫り、野獣のごとき連中はとても口にできないような汚い罵りことばをわめき散らしながら、代わる代わる殴る蹴るの激しい暴行を加えた。四、五回ほども気を失っただろうか。そのたびに全身に水を浴びせかけ、意識を取り戻すとまたさんざん殴りつけた。秋の夜気は冷たく、床は水浸しで骨の髄まで冷えきっていた。このまま死んでしまうのだと思った。だがこんな連中には絶対に負けてなるものかという思いから、私は歯を食いしばって耐え抜いた。私の個人的なことなら辞表を書くこともできたろうが、組合員に選んでもらった役割なのだから辞めるわけにはいかない、もし辞表を書くとするなら組合員に宛てて書くんだ、とありったけの力を振り絞って叫んだ。
殴るほうも殴られるほうと同じくらい傷つくものだ。私は意識が朦朧としつつも、かえって彼らのことが憐れでならなかった。「あんたたち、何のためにここまで獣じみたことをしてるわけ?」。私はこの絶望的な状況の中、まったく無抵抗のまま殴られながら叫びつづけていたが、あくまでも堂々としていた。一七時間に渡る暴力の嵐の中、私の耳に聞こえていたのはただ組合員たちの喚声だけだった。彼女たちが私の力だった。外では私が監禁されていることを知って駆けつけてきた組合員たちが、ドアを破って入ってこんばかりの勢いだった。けれど二〇〇人もの男たちがよってたかって暴力を振るい組合員を排除したため、幹部も含め多くの組合員が病院に担ぎ込まれた。私はたとえ命を落とすことになろうとも辞表は書けないと最後まで頑張った。社内に詰めている合同捜査本部チームからインターホンが入り、何度も指示が伝えられていたようだった。

いつ気を失ったのか、気がつくとソウル郊外の禾谷洞《ファゴットン》のゴミ埋立地だった。午前七時くらいだった。やっとのことで身を起こしたが、体は氷のように冷えきり全身ゴミまみれで靴もどこかへいってしまい、とてもまともな状態ではなかった。なんとか這い出してタクシーを拾おうとしたが、どこかの気の触れた女だとでも思われたのだろう、乗せてくれるタクシーはなかった。ずいぶんたってようやくタクシーを拾い東大門《トンデムン》、と行き先を告げるとあとは眠り込んでしまったらしく、運転手に起こされた。なんとか体を引きずって東大門市場でサンダルを買って履き、キム・スンフン神父のいる教会に行った。そして午前九時ころ、永登浦《ヨンドゥンポ》産業宣教会に行って現在の状況を確認した。

私が麻袋に入れられて担ぎ出されていったという話を聞いた組合員たちは、私の生死が確認できないまま座り込み闘争に突入していた。私は簡単に身なりを整えると車で会社の近くまで行き、正義は必ず勝つのだから頑張ろうと記したメモを石に結んで中に投げ入れた。私の姿に気づいた組合員たちが手を振ってわれんばかりの歓声を挙げた。すると会社の人間がやってきてまたもや暴行を加えた。私は満身創痍になっていた。パク・スネ副支部長やイ・オクスン総務のいる現場と合流できずにいる幹部たちとともに永登浦産業宣教会で寝泊りしながら、連日会社の前まで行って闘争を続けた。二九日には正門の前に座り込んで「暴力団は出て行け、労組弾圧を中止せよ」と大声で叫んだのだが、会社側の人間に何ブロックも先の大林洞《テリムドン》の通りまで追い払われてしまった。会社の注意が私に集中しているあいだにパク・スネ副支部長とイ・オクスン総務が外に出て、体調を崩した組合員も運び出した。さらに中に入れずにいた組合員が寮の塀を乗り越えて座り込みの現場に入ると、疲れきっていた組合員たちが喚声を挙げて現場の雰囲気はぐんと盛り上がった。私はその場で倒れてしまい、病院に運ばれてしばらくはおとなしくしていることを余儀なくされた。

労働者が労働組合を持つということが、労働組合活動をするということが、労働組合を守ろうと必死になることが、なぜ彼らにとってそれほど問題になるのだろうか。

一帯は労働者の慟哭と悲鳴、警官の警笛、軍靴の音が響き、さながら地獄のようだった

元豊の労働者にとって、労働組合は最後の希望だった。やっとのことで結成しこれまで守ってきたのに、無念にもその希望をこんなふうに奪われてしまっていいものだろうか。六〇〇人の組合員が一致団結してハンストに突入した。会社は組合員の親に呼びかけさせたりして分裂工作を試みたが、それも思うようにいかないとわかると、今度はバキュームカーを呼んで汚物を撒くといって脅迫したり電気や水道の供給をストップしたりした。池学淳《チ・ハクスン》主教［カトリック原州教区長。民主化、人権、労働運動に献身しアムネスティ・インターナショナル韓国委員会委員長、正義と平和委員会総裁などを務める。一九二一〜一九九三］ら外部団体の人々も支援に駆けつけたが会社構内への立ち入りを禁じられ、下着や生理用品を差し入れてもらえるよう訴えたが聞き入れられなかった。

闘争三日目の九月三〇日、会社は暖房用スチームを全開にしたため、それでなくとも体力を消耗しきっていた組合員が次々と倒れ外へ運び出された。そして午後五時、二〇〇人あまりの暴力団員が角材を振り回しながら座り込みの現場に乱入してきた。手も足も出なかった。大半の組合員が病院に担ぎ込まれるほどの惨状となった。引きずり出された組合員たちは、地下鉄大方《テバン》駅あたりや九老《クロ》工業団地付近のゴミ中継所に放り出されては再び会社前に集合するを繰り返し、その日の夜までに二〇〇人以上の組合員が近隣の病院で手当てを受けた。手当てを受けて元気を回復した組合員は、自分たちの労働組合は自分たちの手で守らなければならないといって点滴の針を抜き、再び会社前に戻り必死で闘った。こうした壮絶な光景を目の当たりにした近隣の住民は泣きながら人殺しと叫び、倒れた組合員を病院に運び、ともに闘ってくれた。その夜、会社のある大林洞一帯は労働者の慟哭の声と悲鳴、そして警官の鳴らす警笛の音、軍靴の音がないまぜになって響き、さながら地獄のようだった。

秋夕が終わって出勤闘争が始まると、私も含め組合幹部全員が指名手配の対象となった。しかたなく各自散り散りになって身を隠し、非常連絡網を介して連絡を取り合い、活動について話し合った。健康状態が思わしくないのにあちこち転々としながら潜伏するのは容易なことではなかった。かくまってもらえる場所があったとしても一箇所に長く留まるのは禁物だった。泊まる場所すらなくソウル駅で物乞いの人たちとともに夜を過ごしたことも少なくなかった。最初は恐ろしくて震えが止まらずいつもビクついていたが、胸の内で闘争歌を歌っては勇気を奮い起こした。

やがて池学淳主教に託しておいた資金の一部を使わせてもらいソウルの南のはずれ道谷洞《トゴットン》に安ア

パートを借りた。東一紡織や清渓《チョンゲ》被服労組が解散させられ、組合の基金が組合の反対派や産別労組の手に渡っていくのを見て、私たちの組合もあんなふうになってしまうかもしれないと思い、特別基金の一部を組合員全員に還元することにしてできたおカネだった。一九八一年一一月一〇日現在勤続一年以上の組合員は一〇〇パーセント、一年未満は一〇〇パーセントを月割りして、総額八七八五万九九二〇ウォンが支払われたうちから、資金を募り四八四〇万八〇七〇ウォンを一九八二年一月に池学淳主教に預けておいたのだ。

あちこちを転々とする苦難の潜伏生活を続けた末に、用心をしながらではあったがひと所で一緒に過ごせるようになったことがひどく嬉しかった。状況は楽観できなかったがお互いの顔を見て過ごせるだけでもありがたいことだった。そんなふうに日々を送りながら活動の計画を立て、闘争のあるたびにひとりまたひとりと現場で先頭に立っては連行されるという状況が続いた。そして一一月一二日、仲間のひとりが尾行され、部屋にいた一一人が一斉検挙されて指名手配下での潜伏闘争は幕を下ろした。メンバーのうちパン・ヨンソク、パク・スニ、イ・オクスン、ヤン・スンファと私が逮捕起訴され、残りは拘留処分となった。

潜伏しているときはなんとか持ちこたえていたのだが、体調を崩したまま獄中で過ごしていると体じゅうの具合が悪くなって、とうとう生理も止まってしまった。そのうえ拘置所に入れられるとすぐに、すでにそこに入れられていたコントロールデータ労組の人たちとともに、家族以外の面会権要求、拘置所内の処遇改善を掲げて一六日間のハンストを行わねばならなかった。体調不良のうえ水も飲まずにハンストをしたので、やがて舌が上あごにくっついてなかなか離れなくなり本当にきつかった。池学淳主教が面会に来てくれたが、歩くことができず背負われて面会室に行った。主教からあの世で闘って何になると言われ、ハンストをやめるよう諭されたが、死を覚悟していると答えた。あまりにもつらく孤独な闘いだったが、元豊毛紡労働組合支部長として毫ほどの緩みもあってはならないと思っていた。私の後ろに五七〇人の組合員がついていなかったら、あそこまで闘うことはできなかっただろう。ハンストを終えると体はすっかりボロボロで、後遺症も長く尾を引いた。体調はなかなか戻らなかった。それでも囚われの身で闘う手段はハンストしかなかったから、服役中に都合三五日間のハンスト闘争を行なった。

一九八三年三月二六日に一年六カ月の刑を言い渡された。前年九月に捕まってから同志たちとともに一一カ月間を獄中で過ごし、八月一五日に光復節記念の特赦で釈放となった。

もはや帰るべき現場はなかった。それでも一〇年間のさまざまな苦しみと渇望の中で守ってきた元豊毛紡労働組合の正統性を維持しつつ、「元豊毛紡解雇労働者復職闘争委員会」という名称で非合法の労働組合活動を続けることを胸に誓った。毎月一回集まりを持って編集会議を行い、会報も発行した。そして一九八四年三月一〇日、一九七〇年代に活躍した民主労働運動の各団体が一堂に会して、非組織、孤立分散といった限界を乗り越えて労働運動の主体性と統一、連帯を図ることを目標に創設された韓国労働者福祉協議会にかかわることになり、パン・ヨンソクが委員長に、私は運営委員になって活動を続けた。翌年には池学淳主教に預けておいた資金を返してもらい、永登浦区道林洞《トリムドン》にある現在の建物を手に入れ、元豊労組の事務所とした。元豊労組は一部屋だけ使い、あとは一九七〇年代に民主労組運動の闘争を展開していた人たちの溜まり場として使うことを原則とし、そのスペースで私たちはさまざまな情報に接し、共有し、現場以外の空間へと新たな挑戦を始めた。

組合事務所は民主労組運動の仲間の溜まり場として使い、新たな挑戦を始めた

文益煥《ムン・イックァン》［牧師、民主統一運動指導者。一九一八〜一九九四］、桂勲梯《ケ・フンジェ》［抗日運動家、反独裁在野運動家。一九二一〜一九九九］、白基皖《ペク・キワン》［統一問題研究所所長。一九三二〜］、張琪杓《チャン・ギピョ》［元国会議員、新政治連帯代表。一九四五〜］、李富栄《イ・ブヨン》［ウリ党常任顧問、国会議員。一九四二〜］、李昌馥《イ・チャンボク》［民主主義民族統一全国連合常任指導委員、元国会議員。一九三八〜］、金鍾澈《キム・ジョンチョル》［ジャーナリスト、文芸評論家、前聯合ニュース社長。一九四四〜］、金槿泰《キム・グンテ》［ウリ党議長、国会議員、前保健福祉相。一九四七〜］、李海瓚《イ・ヘチャン》［ウリ党常任顧問、国会議員、前首相。一九五二〜］といったさまざまな分野で指導的役割を果たしている人たちが集まって一九八五年三月に在野横断的な団体「民主

統一民衆運動連合」が結成され、私は労働運動部門を支援するパートに派遣されて社会部の幹事として働くこととなり、後に総務局長を務めた。労働運動団体を離れその後三年間在野運動の世界で活動したおかげで、それまで以上に幅広くさまざまな運動に触れるいい機会になった。けれど一九九〇年に韓国労働者福祉協議会がそれまでより幅広い労働運動組織として活動すべきだとの意見を収斂して韓国民主労働者連合へと改編されるのに伴い、その委員長を務めることとなり再び労働運動組織に戻ってきた。

一九九一年には三〇年ぶりに地方選挙が復活する歴史的瞬間を迎えたが、一九九五年六月二七日に私は民主党比例代表としてソウル市議会議員に当選した。地方自治の時代を迎え、在野民主運動をしてきた人々のあいだで政治の民主化を求める内部的な欲求が高まり、今や在野の活動家も行政的支援を受けられるようにすべきだとの趣旨から在野運動から政界へと進出する人が現れたため、私も当選できたのだった。労働者の政治勢力化に関する論議はじゅうぶんに尽くされていたためそのことについて否定的に考えていたわけではなかったが、まさか私が議員になるとは思っていなかったので、最初は出馬を断った。けれど選挙戦まであと二〇日しかないのに候補者として適当な人物がいないというので結局私が担ぎ出されたのだ。

市会議員としての日々はそれまでとはまったく違っていた。労働組合の支部長だったころは、闘争に明け暮れる日々を送っていた。たんに会社を相手に闘っていればよかったわけではなく、政府を相手に闘わねばならないようなこともあり、元豊ほど力のある組織でなかったならとても続けていけなかったはずだ。ソウル市議会議員になり福祉委員会に所属して取り組んだ仕事は、ただ大声を挙げていれば済むものではなかった。まず行政的な部分についての知識がなければ市の担当者にいいようにあしらわれてしまうのがオチだった。

緑色環境運動という団体を立ち上げ、本格的に環境運動に取り組むようになった

新しい分野について勉強して夜寝る隙も惜しんで資料を検討しなければならなかった。福祉委員は困っている人たちのための仕事だという点でやりがいはあったが、予算は一〇兆ウォン近くもあり数字の勉強だけでも頭が痛いのに、専門用語も難しくて青息吐息だった。そうやって極度に神経をすり減らしているうちに白髪もずいぶん増えた。それでも市民運動の連中がガアガアやってるだけだなどと言われないためにずいぶん気を使ったものだ。後に続く後輩たちのためにも汚点を残さないように全力を尽くしたつもりだ。

思いがけず市会議員になった私にとって嬉しかったことのひとつは、田舎に帰ったときに大歓迎してもらえたことだった。労組の支部長として指名手配されていたころは銃を持った警官が実家の前で見張り、ご近所からもいろいろと嫌味を言われ、長いことそれが家族の心の傷になっていたのだった。特に曲がったことの大嫌いだった父のことだからずいぶんと心を痛めただろうに、娘のことをじっと信じてくれた。だが父は市会議員になった娘の姿を見ることなく亡くなり、そのことが最後まで心残りだった。ご近所の人たちはチョン・イルラムさんところの娘が市会議員になって故郷に錦を飾ったといって喜んでくれた。私が結婚もせずにいることをずっと気に病んでいた母も「どうしておまえが結婚しないできたのかやっとわかったような気がするよ」と言ってくれ、それからは結婚しろと言わなくなった。

やりがいも感じたが大変でもあった市会議員の仕事だったが、任期をまっとうすることなく辞めなければならなくなった。一九九七年に民主党が新韓国党と合同することになり、新しく結成されるハンナラ党の所属になることが受け入れられず辞表を提出したのだ。

韓国民主労働者連合に復帰して再び現場でのグループ活動を始めた。何よりも私のよく知っていること、得意なことなので肩肘張らずに取り組めた。けれど長期に渡る拷問と暴行、催涙ガス、ハンストの後遺症で健康状態は次第に悪化し、元気にあちこち飛び回ることもできなくなってしまった。もしかしたら今の心身の状態に合う新しい仕事が必要だということなのかもしれなかった。

いつの間にかともに労働運動をしていた仲間もそれぞれ結婚して親になり、家庭を築いていた。日々の暮らしは少しずつ変わっていったが、かつて私たちの希望だった闘いの日々のことを痛みの記憶として共有しているという事実は決して色褪せることはなかった。けれど子どもも幼いうえに健康のすぐれない仲間も多く、外出することもままならなかった。何をするにしても一途に取り組む仲間、一緒にやればできないことなどない私たちだったのに。

家族と暮らしながら生活者としてできることは何なのか意見をまとめてみた。技術文明の発展とともに自然環境の破壊は深刻化し、さまざまなかたちのエコロジー運動が多様な方針とビジョンを提示しているが、大切なのは実践することだ。現場で労働運動をしていた女性労働者ほどそういった実践に長けた者はいないだろう。一九九六年一二月のゴミ焼却場見学・身近なエコツアーを皮切りに二年間の準備期間を経て一九九九年一〇月に「緑色環境運動」という団体を立ち上げた。そして元豊の仲間だけでなく七〇～八〇年代に労働運動をしていた人たちとともに本格的に環境運動に取り組むようになった。確かに一見たいしたことのないような取り組みに見えるが、子どもたちと一緒に命の大切さに触れる運動は楽しかった。ゴミを拾ったり、毎月の水道使用量を比べてどうしたら節水できるのか工夫してみたり、ゴミ袋の効率的な使い方を研究してみたりする実践は、些細なことのように思えるが、元豊の仲間にとってはそうではなかった。自分たちの大切なものを守り抜くために、手に手を取り合い死力を尽くして頑張った仲間だった。今後、環境保護は何ものにも増して重要で価値のある活動になるはずだ。

二〇〇二年、私はソウル市議会議員に再選された。この年の地方選に先立ち、新千年民主党が比例代表で市議選に出馬することを打診してきたのだ。前回は任期をまっとうできずに辞職せざるをえなかったため、あのときにできなかったことをやり遂げるべきだという周囲の声もあった。環境運動のほうで忙しかったため、なかなか意を決することができなかった。けれど市民団体と連携してさまざまな施策を支援するというのがソウル市の政策だったので、議員活動も市民団体で活動するのと同じくらい重要な仕事だと判断し、ようやく出馬要請を受け入れる踏ん切りがついた。

短い期間ではあったが一度経験していたため、活動は一期目ほど大変ではなかった。保健福祉委員会の所属となり、何よりも女性、児童、老人問題に心血を注いだ。とはいえ一〇二人の議員のうちハンナラ党所属でない議員はたった一五人しかおらず、制度改革や条例改正は思うように進まなかった。議員の役割は政党のワクにとらわれず市民生活の質を向上させることであるべきなのに、他の党の提案は何が何でも拒否するという誤った政治風土が根強く残っていた。そして午前七時に始まって深夜一時を過ぎないと床に就けないようなびっしり埋まったスケジュールの中で、アシスタントひとり置かずすべての資料を検討し研究しなければならないのが何よりもきつかった。それでも運動をともに闘ってきた二〇人ほどの仲間との週に一、二度のブレックファスト・ミーティングには欠かさず出席していた。情勢分析をしたり必要な勉強をしたりして、絶えず刺激してくれる素晴らしい仲間と過ごすひとときである。

二〇〇三年末、再び民主党はウリ党との分裂という危機の局面を迎えた。どうやら議員職とは縁の薄い運命なのかもしれないなどとつい愚痴のひとつもこぼしたくなった。またもや議員辞職するハメになるのかと頭を抱えたが、結局、民主党に残ることに決めた。両党の理念にはそう大きな隔たりはないように思えたし、いずれは再統合すべきではないのかという気もして、民主党に残ってその再統合に向けて尽力すべきだと判断したからだ。そして民主党（八議席）とウリ党（七議席）で統一会派を作り「正しい市政のための政策連合」をスタートさせ運営委員会の幹事になった。考えてみれば笑える話だ。またもや党の分裂に遭遇するとは……。けれど逆風が強ければ強いほど鍛えられてきたのだと信じている。私は元豊労働組合の最後の支部長チョン・ソンスンなのだから。

もはや元豊は存在しない。けれど今なお元豊という名前で自分たちのことを記憶している同志の胸の奥では、限りなく美しい命を芽吹かせ、はるかな風を呼び起こしつつ、みな毅然と生きているのだ。

【訳者注】

〈1〉韓国では解放後一九六三年までは五月一日が「労働節」だった。李承晩《イ・スンマン》政権下において「労働節（メーデー）」は共産主義的ということで一九六三年に「勤労者の日制定に関する法律」が制定され、大韓独立促成労働総連盟（その後、大韓労働組合総連合会、韓国労働組合総連盟へと改称、現在に至る）の創設記念日三月一〇日が「勤労者の日」と定められた。一九九四年に同法は改正され以後五月一日が「勤労者の日」である。現在でも正式名称は「勤労者の日」であるが一般には「労働節」と呼ぶことが多い。当時も労働者自身は「労働節」と呼んでいた。

〔翻訳〕**萩原恵美**

第七章　私の人生を揺さぶった日本での日々

高波淳氏撮影

パク・ソンヒ（朴性姫）略歴

一九六三年　八月一四日慶尚南道馬山《キョンサンナムドマサン》に生まれる
一九八二年　馬山女子商業高等学校を卒業
一九八三年　スミダ電機に入社
一九八九年　労働組合の調査統計部長として日本遠征闘争に参加し、
　　　　　　廃業に伴う補償交渉を妥結に導く
現　　在　全国女性労働組合慶尚南道支部事務局長

高所恐怖症でもないのに、私は日本行きの機内で冷や汗をかいた。一九八九年一一月一五日。初冬の寒さを追い払おうと機内は少し暑かったが、そのせいだけではなかった。果たして日本に行ってスミダ電機の社長に会えるだろうか？　空港に着くなり、韓国に送り返されるのではないだろうか？いらいらしながら良い知らせを待っている仲間たちの顔が一人ひとり目に浮かんだ。チョン・ヒョンスク（鄭賢淑）委員長がビザの問題で一緒に出発できず、限りない不安に心は沈むばかりだった。しかし、悩んでいる暇もなく、飛行機は成田空港に到着した。

私を含めた三人の女性をさらに不安にしていたのは、全員日本語がまったくわからないという事実だった。やっと入国手続きを済ませ、空港のロビーに出たのだが、会うことになっている人が見当たらない。なぜか順調ではない始まりが気にかかった。あらゆる想像が極度の不安のなかに私たちを追い込んだ時間。もうこれ以上待っていられないと判断し、テレホンカードを一枚買い、空港の職員と身振り手振りで意思疎通を試みた。ところが、しまった！　出口が二カ所あったのだ。それでも一縷の望みを持って、私たちは大きな荷物を引きずり、もうひとつの出口にいそいで向かった。そして、そこで涙が出るほど嬉しいプラカードに出あった。

「韓国スミダ電機歓迎」

スミダ……というとき、その名前は会社名ではなく、スミダ労働者を意味した。スミダのパク・ソンヒ。七年間スミダ労働者として働いていたときも、全国女性労働組合慶尚南道《キョンサンナムド》支部の事務局長として働いている今も、私はいつもスミダだった。いまやその名前は私だ。そして、私たちだ。スミダという名前でその後の私の一生の友だちに出会うことができたあの頃、私の人生はそこから始まった。

一九八三年、知り合いを通じてスミダに入ったのは、馬山《マサン》女子商業高等学校を卒業していくつかの会社を経ながら一年が過ぎてからだった。事務職だと友だちに羨ましがられながら通った以前の会社は、わずかに身体が触れただけでもセクハラと感じるほどに居心地が悪く、結局辞めてしまった。当時は輸出自由地域にある工場に就職するのは容易なことではなかった。韓国スミダ電機は、一〇〇%日本人投資の会社として、一九七二年に一億ウォンの資本金で馬山輸出自由地域内に設立され、一九八七年には資本金七〇億ウォンの規模へと成長した電子部品組立会社だった。私が入社した当時のスミダは、仕事がとても多く、指先さえ問題なければ入ることができた時期だった。

こうして工場労働者になった。学校に通いながら工場に勤める友だちも多かったので、自分が工場に出ることに違和感はなかった。現場に出て最初の一週間に受けた教育は、まるでおいしい食事をしたあとの一杯の水のように、自然に入ってきた。知らない人ばかりの慣れないところなのに、なぜかどこかで何度も見かけたような人々、機械、働く姿……。あらゆることが自然だった。

教育が終わり、時計のなかの磁石にコイルを巻く作業ラインに配属された。初めてやった工場の仕事だったが、まったく辛くなかった。早退や欠勤もたやすいことではなく、トイレに行くのも許可を得なければならないなど、多少は不満に思うこともあった。けれど、どんな組織や会社も、個々人を一〇〇％満足させるものはないというのが私の考えだった。このように、私はいつも挑戦的であるより、自分に与えられたことが少しずつ良くなるよう努力しながら生きる人間だった。大きな問題がない限り、組織の一員として最善を尽くし、平均的に暮らしていくはずだった。

スミダに入ってなによりも嬉しかったことは、病気で臥せっていた母にわずかでも多くの生活費を渡せるようになったことだった。入社したその年は仕事が多く、一日三時間ずつ残業したので、月給が一三万ウォンにもなった。以前に事務所の給仕の仕事をした時より三倍ほど多いお金だった。それが続けば問題はなかった。母にお金を全部渡して、小遣いをもらって少しずつ使ったが、母が喜んでくれればそれでよかった。実際、生活が少しずつ良くなり、母の病状も徐々に回復しているようだった。

私はいつも人とつき合うのが苦手だった。どんなことでも初めて経験することにはうまく適応するほうだったが、初めて会う人に対応するのは、歳を重ねてもなかなかうまくできなかった。だが親しい人がいなかったわけではない。いや、むしろほかの人に比べて多いほうだった。最初のぎこちなさを乗り越えれば、みな私の家族のように優しくなるからだった。そしてこのような友だちに対する義理を、血縁に対する情よりもっと大きな意味に感じる人間、それがまさに私だった。スミダに入社してしばらくは、隣に誰がいるのかわからないほどに仕事に熱中した。そうしてひとりずつ私の手帳に名前が書き加えられ、会社はまるで家のような安らぎの場となった。もしかすると、私が労働組合の幹部になったのは、そんな性格に負うところが大きかったのかも知れない。

一九八七年八月一一日、スミダに労働組合ができたとき、私は発起人に名を連ねた。ほとんど五年以上一〇年くらい勤務した組長、班長たちが中心になって設立されたので、入社して四年の私は何ともいえぬ自負心に落ち着かなかった。しかし、労組ができる前までは、労組についてよくわかっていなかったし、発起人のほとんどが労組幹部になったが、私はそういうわけにはいかなかった。それでも参加することになったのは、たぶん何でも一生懸命にする一番上の姉のような存在であったからだろう。その前にも何回か労組を作ろうという試みはあった。あるとき屋上に上がって来いというので行ってみると、大勢の人たちが集まっていた。先に立つ人がいなくて結局駄目になったが、誰かが計画を立てたことは間違いなかった。でも、その当時の私の考えからは、なぜ労働組合が必要なのかということもわからなかった。どんな不便さも不平も不均衡も、私は当たり前のものとして生きていくことに慣れていたからだった。

一九八七年七、八月の労働者大闘争は、私を心の底から揺るがした画期的な事件だった。苦しめられてきた労働者たちの怒りが、この間の粘り強い闘いを肥やしにして爆発的に噴出した歴史的な闘争であったが、私は気軽に近づくことができなかった。世の中はただ一生懸命に働きながら少しずつ良くなるものだと信じていたので、私には何も胸が痛まなかった。けれどあのような叫びにも切実な理由があり、あの多くの人たちが意味もなくあふれ出ることはないだろうと思った。私は馬山の中心街である倉洞《チャンドン》でデモ隊をよく見るようになり、少しずつ彼らの叫びに関心を持つようになった。そんな状況のなかで労働組合が活発に動き始めると、自然に労組の日常闘争にも参加するようになり、労働運動の道に一歩ずつ入って行った。

一九八九年七月、労組が第三期執行部を組織するに当たり、調査統計部長を私にどうかと提案された。胸がどきりとした。ついに来るものが来たか……。労働組合は労働者にとってなくてはならない組織であり、とても必要なものと考えて一生懸命協力してきたが、私が先頭に立ってやることではないと思っていた。果たして自分にその仕事ができるだろうか。幹部の経験がまったくなかったので、どうしてもやらなければならないというなら、次長はいいにしても部長は無理だと言ったが、チョン・ヒョンスク委員長の粘り強い説得が続いた。闘いの火の手がさらに大きくなると、幹部としてなんとか責任をとらなければならない立場になるというのに、果たしてうまくできるだろうかという悩みが何日か続いた。しかし、誰にとっても簡単なことではないことだけは明らかであり、私が逃れたとしてもその仕事がなくなるものでもなかった。ついに私はそれを受け入れるという結論を出した。そして、責任ある行動をするためには、もっと多くのことを知らなければならないという考えから、地域の団体である「働く者の労働問題研究院」の労働教室に通い始めた。偏見は無知から生まれ、知るほどに行動するということは、正しい言葉だった。何かはっきりせずにもどかしかった現実、知らずにまったく予見できなかったこと、知っていても自分のことのようには思わなかったことなどが、すっと入ってきて理解できるようになった。何よりも地域の多くの仲間たちと出会って親しくなり、互いに励まし合えたことが、私にはこの上なく幸せなことだった。こうして私の労働運動は、より力強い流れを創っていった。そして、週に一回ずつあった馬山昌原《チャンウォン》労働組合総連合の調査統計局の集まりは、地域での連帯活動がどれほど重要かを教えてくれ、他の職場の状況を共有するのにまたとない良い場であった。この集まりで私は一生の伴侶となる人に出会った。

1989 年 10 月 14 日、日本の本社から一枚のファックスが送られてきた。倒産、全員解雇の通知だった

一九八七年から八八年、八九年にかけて馬山輸出自由地域内の多くの職場に労働組合ができると、各種の恩恵を狙い、安い賃金で利潤を得ていた外資企業は、徐々に韓国からの撤退を準備していた。スミダもまた、労働組合ができた年の暮れから会社の規模を縮小していたが、生産工場の中国への移転を始めた。そして、翌年の一九八八年一〇月からは、平均賃金の二カ月分の支給を条件とする希望退職者の募集が会社

側から一方的に行われ、賃金の遅配が起こるなど不安な状況になった。

一九八九年一〇月一四日、ついに日本の本社から一枚のファックスが送られてきた。注文の減少、材料調達の中止、銀行の貸出中止などを理由とする倒産の通知であり、韓国の管理者四人を清算委員に任命し、全社員を集団解雇し、工場と機械の売却などで韓国スミダを清算し、賃金および退職金を支給せよという内容だった。その頃は団体協約を更新するための交渉が行われているときで、代表取締役である櫛野が交渉にまったく出席しないばかりか、日本から来ようともしないため、労組は日本本社を直接訪問して交渉しようとしているところだった。

労組の存在自体を無視する一方的な態度だった。このような欺瞞的な解雇通告を受け入れることはできないと明らかにした労組は、勤務の継続を決定した。今ここを出てどうやって生きていけというのか？　もっともそんなことには関心もないのだろう。具体的な交渉の場もなしに決定された生存権の剥奪が信じられず、そうするしかなかったのだ。しかし、管理者たちの清算の動きが目に見えて進んでくると、それ以上作業を続けることはできなかった。現在の状況で私たちが取ることができる最善の方法を見つけなければならなかった。集団解雇の撤回および代表取締役の召喚を要求する内容の陳情書を労働部［労働省］に提出し、団体協約および不当労働行為に対する告訴状を受理させると同時に、日本本社への闘争の準備を始めた。

調査統計部長になっていくらも経たない頃だった。今やっと労組が何かわかり、私にも何かできそうだという気持ちで、胸が熱くなったりしていた頃だった。それで、労組幹部の会議でチョン・ヒョンスク委員長、キム・スンミ（金順美）次席副委員長、チョン・スルレ（鄭順礼）組織次長を日本遠征チームとして選び、残りひとりはちょっと年上の幹部がいいという意見が出て、私が決まった。意欲はあったが、それとうまくできるかとは別問題で負担にも思ったが、私は喜んで受け入れた。もうこれ以上遅らせる時間もなく、日本行きは慌しく進められた。日本の「進出企業問題を考える会」が日本での闘いを積極的に支援してくれることになっていた。その団体が韓国を訪問したとき、馬山にあるカトリック労働相談所を通じて輸出自由地域の労組と懇談会を持ったことがあり、簡単に連絡が取れた。そして、一九八九年一一月一五日、予定通り日本遠征闘争に向かった。

「韓国スミダ電機歓迎」と書かれた紙を見た瞬間、私たちはまるで砂漠でオアシスに出あったような気持ちだった。ひとりの方は神父さんで、もうひとりの方は自分をマリアと紹介した。幼いときに日本に来て暮らしている韓国人だというその方は、韓国語がとても上手だった。マリアさんはその日から私たちが日本にいた七カ月間、お母さんのような役割をしてくれたありがたい方だった。

日本に到着するなり、スケジュール通りに動き始めた。まず「進出企業問題を考える会」の事務所を訪問し、団体のメンバーの紹介を受け、以後のスケジュールについて話し合った。きちょうめんで繊細な日本人らしさが感じられ、この間の不安な気持ちが洗われたような感じだった。通訳としていつも一緒に行動してくれた仁科さんは学生運動をしていた人で、韓国に留学までするほど韓国に関心のある人だった。そのためか、私たちより韓国の歴史についてよく知っているようで信頼できた。

翌日から国会議員と労働組合を訪問し、日本での宣伝活動を始めた。日本でもっとも民主的な労働組合である国鉄労働組合は、「国鉄清算事業団四五〇〇人の首切りを許さず、JRに労働委員会命令を守らせる一一・一九全国集会」で韓国スミダの闘いについて紹介をすると約束してくれた。

一一月一七日、日本に到着して二日目、交渉を進めるためにスミダ電機本社を訪問した。闘争団が両者間の会合を交渉だと言うと、本社側は懇談会だと言い張った。私たちにとっては、目的が達成されればよいことだった。その日私は、櫛野浩一代表取締役と初めて面談し、はらわたが煮えくりかえるような怒りを感じた。最初から交渉の可能性を認めていなかった櫛野は、すべてファックスの内容通りにすればいいとばかりに、韓国に帰って整理するようにとひとこと言うと口を閉ざしてしまった。私たちは、激しくこみ上げてくる怒りを抑えることができず、大声を上げて帰ってきてしまった。容易なことではないと予想はしていたが、いざ壁にぶつかると悲しみが押し寄せてきた。資本家と労働者の間は、根本的に相容れる関係ではないのか。どうせ撤退していく外国資本であるなら、最後までフェアプレー精神を忘れるべきではないのだが、もうするべきことはすべてしたというような一方的な態度をとるのは、長い目で見れば櫛野にも不幸なことだった。

怒りが募ってむしろ元気をなくしていたのだが、その日の午後、ビザの関係で出国が遅れていたチョン・ヒョンスク委員長が日本にやってきた。中心にならなければならない人がいなくて内心不安だったので、彼女に会いグッと抱きしめたいほどに嬉しかった。委員長が合流し、本格的な闘争日程に入り、「進出企業問題を考える会」が主催する韓国スミダ労組の集会を持った。集会は、闘争経過についての報告、労組代表の挨拶、韓国スミダ電機集団解雇の状況報告、本社との交渉経過報告などで進められた。

ふと、今いるところが日本だという事実が信じられなかった。「なぜ私はここにいるのか？　どうして私はここまできたのか？」瞬間的に過ぎ去る稲妻を見ることもできず、雷を鳴らしながら降り注ぐ夕立に打たれて大平原に立っているようだった。見なかったことにして断ってもよかったことを自分のこととして受け止めると、あらゆることがまるで待ち構えていたかのようにあっという間に起こった。しかし、ここで気を抜いてはいけなかった。なぜ私がここにいるのか、ここで私は何をしなければならないのかを絶え間なく反芻し、小さなことひとつひとつまで意味あるものとしていかなければならなかった。

日本遠征五日目、一九七七年の会社偽装倒産に抵抗し、九年七カ月の闘いのすえ、組合で建物を譲り受け、操業を続けているパラマウント製靴を訪問した。九年七カ月間の闘いなんて……。私たちはやっと一カ月が過ぎただけなのに……。平均年齢五六歳というここの労働者たちの穏やかな微笑みの中の、どこにそんな強い意志があったのだろうか。胸にあふれる感動を分かち合いながら、私たちはおぼつかない足取りであっても、その目的地にたどり着くまで、絶対に動揺するまいと決心した。そしてその日、葛飾区にあるスミダ本社ビルまでの街頭行進には約一〇〇人が参加し、雰囲気を盛り上げてくれた。しかし、本社の屋上からデモ隊を見下ろしていた櫛野と管理者たちを見た瞬間、怒りに耐えきれず喉が張り裂けんばかりにスローガンを叫び、泣いてしまった。こんなに必死に不当性を叫んでいるのに、無表情に見ているだけの彼らがむしろ哀れで心が痛んだ。本当に自らの過ちがわからないのかという歯がゆさと出口のない怒りが同時に胸を締め付けた。

一一月二一日、櫛野代表取締役との二度目の交渉があったが、以後に継続された交渉でも何の進展もなかった。しかし、私たちの闘いに動揺はなかった。NHKテレビのインタビューもあり、国会議員、労働組合、女性団体への訪問などのスケジュールが進められるなか、スミダ闘争を積極的に支援する日本人は徐々に増えていった。こうした状況のもとで二九日には、一一二人が参加して「韓国スミダ労組と連帯する会」という組織が設立され、私たちにかけがえのない力と勇気を与えてくれた。

そんなに歳を取っているわけではないけれど、私はずっと、誰かと闘うことよりも融けこみ、適応しながら生きていくことに慣れてきた。しかし、労働組合を知ってそんなに経っていないままぶつかった争議で、私は半分気が抜けた状態で、私の人生を根こそぎ変えてしまうほどたくさんのことを経験していた。何よりもそこで出会った人々は、私の人生に末永く大切な座標のように残っているほど感動的だった。特に、四年間にわたり一方的な廃業に抵抗して闘っているリーダーズ・ダイジェスト日本支社労働組合と、七年間廃業撤回闘争を続けている東芝アンペックス労働組合の訪問は、私にはとても大きな衝撃だった。七年どころか七カ月すら果たしてがんばれるだろうかと思う私に、彼らの強い意志は、働く現場に対する大切さがどんなものであるかを切々と悟らせてくれた。誰かが行かなければならないとついて行った日本遠征闘争で、私はその後の人生の設計図を少しずつ鮮明に描くことになった。

誰もその期間を予測できなかった日本での闘争がひと月を越えた。私たちを支援してくれた人々のおかげで、一日をどう過ごしたかもわからないほど夢中で過ごしていたが、まったく疲れていなかったといえば嘘になる。実際私たちの間でも気がつかないうちにお互いに苛立っていたり、そのわだかまりが少しずつお互いを疲れさせてもいた。クリスマスには、そうでなくとも家や友だちへの思いで胸がいっぱいになり、沈んだ心持ちになったが、神父さんからミサに参加するように提案された。私たちの祈りは、ただひとつだった。「私たちの強い連帯をより強くし、待っている同僚たちに良い知らせを持ち帰れるようにしてください」その晩は、自動販売機でお酒を買って分けあって飲み、離れていた気持ちを確かめあって気分よく決意を新たにした。

1989年12月26日、本社正門前にテントを張り、断食闘争に入った（高波淳氏撮影）

一九八九年一二月二六日、記者会見を持ったあと、本社前の抗議座り込み集会が終わると、正門前にテントを張り、闘争団四人は無期限断食闘争に入った。櫛野代表取締役との八回目の交渉が行われたが何の成果もなく、本社会長の八幡一郎は顔すら見せなかった。これ以上このような状況に引きずられることはできず、「韓国スミダ労組と連帯する会」と全体会議を持ち、新たな突破口について話し合った。その結果、私たちの意志をより強力なやり方で示す必要があるという判断のもと、断食に入ることを決定したのだった。

冬の厳しい寒さがひとしおだったが、その日は空も悲しかったのか一日中雨が降っていた。夜が更けて人通りが疎《まば》らになると、無性に苦笑いが出た。再びもぞもぞと這い出る疑問がひとつ。一九八九年日本、東京……そして冬。なぜ私がここにいるのだろうか……。底冷えの寒さに知らず知らずにえりを合わせ、顔をしかめた。いまや声も嗄《しわが》れ、金切り声だけが出てきて、飢えたお腹は必死で温かい母のふところを思い出していた。おかあさん……。

大人になり結婚をして母親になっても、慶尚北道盈徳《ヨンドク》での幼い頃のことをよく夢に見た。私が生まれた一九六三年はだれかれの区別なく貧しく苦しかったけれど、家庭を顧みない父親のためにとてつもなく貧しかったその頃のひもじさは、ただ私だけのものだった。盈徳での思い出は、友だちとの楽しいものでいっぱいだった。そのためか、中学校一年生のときにそこを出てソウルに来た日は、今思い出しても涙が出るほどに友だちとの別れが辛かった。友だちへの懐かしさゆえに、ソウルでの学校生活はこの上もなく寂しい日々の連続だった。

ソウルで暮らした四年間は、私には思春期の頃だったので、より一層辛かった。生活は相変わらず苦しく、一週間ずっとラーメンを食べることもあった。その上、私が高校一年になった年には、母がリウマチを患い一年間ずっと寝込んでいた。母の結婚の仲立ちをした親戚のおばあさんが、自分の間違いだったと、学費を出してくれたり、生活費を少しずつ出してくれたりして助けてくれた。そんなに苦しい中でも母は、娘を険しい世間に出そうとはせず、自分が学べなかった悔しさを晴らそうとするように、必死に子どもたちには学ばせようとした。私は、幼い頃からついて回った貧しさには慣れっこになっていた。商業高校に進学したときは、洗剣亭《セコムジョン》にある家から学校がある千戸洞《チョンホドン》まで行くのに、明け方四時に起きて、バスを二回乗り換えて行かなければならなかったが、一回も遅刻をしなかった。絶対に歩いては通えない距離だったので、お金ができるとまず交通費に回さなければならなかった。

高校三年の一九八一年、母の実家がある慶尚南道鎮東《チンドン》の近くの馬山に引っ越すことになった。母の六人の兄弟みなが馬山や釜山《プサン》などに住んでいたので、誰もいないソウルでの暮らしを続けるのもおかしなことだった。馬山女子商業高校の夜間に転校し、昼間は働き、夜は学校に通いながら、私は少しずつ心の落ち着きを取り戻した。たくさんのお金ではなかったけれど、学費を払う月を除けば、給料としてもらったお金は全部母に渡した。娘が成長し、いまや学校に通いながらお金を稼いで生活費を出すことができるようになり、母はとても喜んでくれた。それでじゅうぶんだった。母が健康で幸福であること、それ以上に望むものはなかった。私が日本行きを決心したとき、母は何も言わなかった。体に気をつけて行っておいでの言葉のほかには……。

断食は三日間続いた。本社社員の出勤時間に起き、宣伝活動をし、水、塩、ゴマを食べて我慢した。断食座り込みの知らせを聞いて、多くの労働者、市民、社会団体の人たちが激励に来てくれ、苦しさを感じる暇もなかった。三日目の夜、本社から責任ある役員が出てきて、誠実に交渉に臨めという闘争団の要請書を受け入れ、五〇時間にわたる断食座り込みを解いた。

初めての断食だったが、じっと我慢してやりぬいた自分が誇らしく自らを褒めてやりたかった。意味のある目的を成し遂げるためにひもじい思いをしたのだと思うと、そんなに辛くはなかった。その日は、宿舎に戻って暖かい部屋に横になり、手足と腰を思い切り伸ばし、この上ない幸せと平安を感じながら深い眠りについた。

こうして年が明けて新年を迎えた。一九九〇年一月四日、新春団結交流会をもち、スミダ闘争団をはじめ、年末に日本に来て私たちと同じような闘いをしているTND労組、アジア・スワニー労組のために日本の支援者たちが新年会を開いてくれた。久しぶりにユンノリ［韓国式すごろく］のような伝統的な遊びをするなど楽しい時間をもち、韓国に帰りたいという思いを振り払ったりもした。

新年になって本社の堀内常務との交渉が始まり、少しずつ進展を見せた。それで、悪い兆候でもないようにみえ、良い年になるだろうと希望が膨らんだ。韓国政府にしてみれば、自分たちが何の影響力も発揮できないまま年を越すこととなり、歯がゆく思っていたことだろう。ソウルから国会議員が来たりもしたが、ただ写真を撮って激励金を渡すだけで力にはならなかった。大使館から来た労務官はまったく話にならなかった。「お前たちに何ができるんだ。国に恥をかかせずに早く帰れ」という言葉を投げつけていなくなった。大変な思いをしてここまで来た私たちには、致命的な痛手だった。外国に出て我が国を代表して国の仕事をしている人間の態度と精神状態があの程度とは、自分の身内であれば、追いかけて行ってたっぷり殴りつけ、性根を正してやりたい心境だった。そのことを思い出すと今でも心が痛み、胸がつぶれる思いがする。

本社前での抗議座り込みを継続的に進めるために「怒りの火曜日」を設定し、毎週火曜日ごとに本社前で「韓国スミダ労組と連帯する会」主催で支援者との集会を行った。スローガンと闘争歌、ユルトン［律動、歌に合わせた踊り］などをすべて韓国式にやって日本人に教えた。日本の支援者たちは、私たちの解放の踊り、四拍子の踊り、グループでする遊びなどを習い、とても珍しがり面白がった。わかったことは日本の労働運動には文化がなかったことだ。

一回に六時間四五分、八時間四六分ほどになる長時間の交渉が続いたが、相変わらず足踏み状態だった。ビザ期間は残り少なくなり、いつまでこのように異国で耐えなければならないのかと元気をなくしていたのだが、一月二四日にNHKテレビが韓国スミダ電機労組の闘いをドキュメンタリーとして放送した。韓国での闘争の様子とともに、日本に来た闘争団の様子が感動的に描かれていた。みな見ている間ずっと涙をこらえられなかった。私もこの間辛くても涙を見せまいとしてきたが、その瞬間だけは、悲しいのか感激したのかわからない涙がとめどなく流れた。韓国で必死に闘っている仲間の姿を見てとても嬉しく、すぐにでも会いに行きたいのに、そうできない立場が、もどかしい心に一層拍車をかけた。

二月六日、委員長と一緒にビザの延長申請をするために韓国行きの飛行機に乗った。まだ闘いの結末は輪郭もつかめない状況であり、韓国に行って日本に再び戻れないことにでもなったらどうしようという心配もあり、心は沈んでいた。しかし、金海《キメ》空港に到着し、待合室に入って多くの組合員と地域の仲間を見た瞬間、不安な気持ちは洗うように消えてしまった。私たちは声を上げて抱き合い、会いたかった気持ちを落ち着かせるためになかなか立ち上がることができなかった。馬山にある工場では、すべての組合員と地域の仲間が合流して力強い歓呼のなかで「外資の横暴粉砕のためのスミダ本社遠征中間報告大会」が開かれた。今でもそのときの感激が忘れられないのは、嬉しさと同時にそのような同僚たちに対する責任感が胸いっぱいになったからだった。

私と委員長が行って戻ってきた後、副委員長と組織次長がやはり韓国に行き、九〇日のビザ延長をもらって戻ってきた。私たちに許された九〇日がなくなるまでにすべてのことがうまくいくように祈りつつ、決意を新たにした。三月六日、私たちより劣悪な条件で交渉を続けていたTND労組が本社との合意書に調印し、三月一一日にはアジア・スワニー労組の交渉が妥結して韓国に帰ってしまった。嬉しい知らせではあったが、スミダだけがぽつんと取り残され、先の見えない交渉を続けなければならないことがとても憂鬱だった。

成果がないながらも交渉は続けられたが、八幡一郎会長が不在の状態では責任ある決定を期待することはできないという結論を出し、会長の出席を要求した。しかし、会長からは何の回答もなかった。これ以上待っていることはできないと判断した闘争団は、もう一度断食を決行することにした。四月一三日、「本社に対する総抗議行動、一四日断食突入声明書発表」を行った記者会見後の集会には、参加者がなんと五〇〇人を超えた。

翌日、第二次無期限断食に入ると、支援者の中から四一人が同調して断食に入り、各界からのさまざまな支援闘争が続いた。なぜこの方法しかないのかもどかしかったが、選択の余地はなかった。みんなこれが最後だという悲壮な覚悟で、顔に笑みさえ浮かべられないほどだった。そうした状況認識を共有して多くの人が来てくれ、支援を惜しまなかった。

深田肇国会議員など議員四一人の署名を本社に提出、韓国大使館チャン・ソンシク労務官の本社役員との面談、「韓国女性労働者と連帯する女たちの会」による六四一人の抗議署名の提出、紀伊修道女ほか二五人の修道女による祈祷会、地域での街頭デモ、本社取引銀行である太陽神戸三井銀行本店への抗議、太陽神戸三井銀行に支援者たちが全国的に一円ずつ預金して通帳を作る運動、葛飾区長名義で八幡一郎会長に事態解決のための要請書を発送、連帯する会代表であるふたりの神父さんが連帯断食、神父・修道女の連帯断食闘争などがあった。すでに行ったことのある断食だったが、二回目はもっと辛かった。けれど、日本の人たちの助けがありがたく、心が温まる感じだった。

四月二三日、会長の息子である八幡滋行が交渉に出るとの決定を受け、二一六時間の断食闘争に終止符を打った。一次と比べて長い断食だったので、病院に運ばれて体を休めた。何の考えも浮かばなかった。ただ、簡単に終わらないこの試練が少し恨めしかった。あるときは自分が会社の主人公だと思って最善を尽くして働き、そのことが楽しくもあった。でもそれはみな何のことはない妄想に過ぎなかったというのか。いまやあまりにもはっきりと向こうに立っている彼らが憎かった。

こうして再び九〇日があっけなく過ぎ去り、ビザ延長の時期になって韓国に戻った。初めて戻ったときに比べてかなり消耗していたのだろう、韓国の仲間を見るや涙が出た。そして、断食を終えてそんなに経っていなかったときだったので、私と委員長のやつれた姿は、韓国の仲間たちを悲しくさせた。

最初に日本に行かなければならないという決定を下し、自分がやるべきことだという結論を出すことは、そんなに難しいことではなかった。けれど、こんなに長くなるとは想像もしなかったことだった。再び日本に戻って闘いを始めた五月、私たちにはとても辛い日々だった。家に帰りたいという思いで頭が変になりそうだった。互いに力にならなければならない四人の闘争団もとても疲れていて、ちょっとしたことで寂しくなることが多くなり、忙しくないときは一層体がぐったりし、座り込むと再び立ち上がることができなかった。

六月八日、ついに本社との三時間半にわたる第二二回交渉を終え、合意書に判を押した。

「一、一九八九年一〇月一四日付け倒産解雇通知を撤回する。二、一九八九年一〇月末までの賃金、

6月8日、ついに本社との交渉を終え、合意書に判を押した。夕暮れの中、報告集会で「朝露」の合唱がおきた（高波淳氏撮影）

年月次手当、退職金・退職慰労金を全社員に支給する。三、退職割増金として平均賃金の二カ月分を全社員に支給する。四、現在組合で闘っている九一人の組合員に一九九〇年五月末までの賃金および雇用・生存権対策資金として三億九六〇〇万ウォンを一括支給する。五、組合が直接・間接に負担してきた経費三五〇〇万ウォンを調印後一週間以内に支払う」

調印式を行い、記者会見を終えてから合意報告集会を持った。ついに終わった。ところが喜ぶべき席で私は限りなく惨めな気持ちになった。あんなに恋しく国に帰りたくてたまらなかったのに、いざすべてが終わってみると、悲しさがこみ上げてきて内臓まで空っぽになる感じだった。

日本でのすべてのことを整理し、送別会をした六月二〇日には、闘争団も、この間物心両面で苦労した支援者も、嬉しさ半分悲しさ半分だった。苦労が

送別会には、支援の人たちがドレスを買って着せてくれた（高波淳氏撮影）

多かっただけに整理しなければならない積もった感情も多かっただろう。闘いの間、私たち四人がいつも粗末なズボン姿だったのが気にかかったのか、支援の人たちがドレスを買って着せてくれた。彼らの温かい気持ちがとてもありがたかった。その日は思い切りお酒も飲み、これまでできなかった話をし、お互いを抱きしめあいながらたくさん泣いた。

六月二五日、支援者たちの見送りを受け、私たちは羽田空港を発った。飛行機から見下ろす日本の地が私の胸を痛めながら遠のいていった。金海空港には、多くの組合員と地域の仲間たちが二台のバスに分乗して出迎えに来ていた。整理しきれない気持ちをどうしたらいいかと困っていたとき、後ろから懐かしい声が私を呼んだ。ファン・ヒョンジャ副委員長だった。スミダに入って労組活動だけでなく、気心知れた友だちのような後輩だった。彼女と一緒にバスに座ると、これまで我慢してきた涙があふれ出し、馬山に到着するまでの一時間ほどずっと泣き続けた。悔しかったこと、辛かったこと、うまくやり遂げられなかったことなどが走馬灯のように過ぎて行き、語らずともみんなわかっているというようにヒョンジャは黙って抱いてくれた。こうして思いっきり泣いたことで、心に溜まっていたオリが全部洗い流されたようにさっぱりした。

けれども私の日常を根こそぎ揺さぶるもうひとつの試練が待っていた。労働組合活動を通して知り合ったシン・チョンギは、生まれつき真面目で温かくいつも笑みを絶やさず、私をまるで実の姉のように大切にし、ついてきてくれた家族のような後輩だった。彼が勤めていたタコマ電気の労働組合がひどい弾圧を受け、チョンギも解雇されて苦しんでいるとき、私は日本にいた。私が帰国する何週間か前、日本まで電話をかけてきて「姉さん、辛いよ。会いたいよ」と言って、ひどく張りのない声で泣き言を並べ立てていたのが気になっていたのだが……。彼が自殺したというのだ。信じられなかった。張り裂けるような無念さが慟哭となり、何日も何日も落ち着かなかった。彼の辛い抗議は私の傷となり、癒えることはなかった。毎年六月一七日になると、彼のところを訪ね、焼酎カップを前において酔った勢いで声をかける。「ねえ!　天国に行って良かった?」

私はときおりそれが夢じゃなかったかと思う。意に反して労組幹部になってからいくらも経たないうちにやらなければならなかった異国での闘いは、波のように押し寄せてきて、パク・ソンヒという人間自体を完全に掃き捨てて行ったような感じだった。韓国に戻って日本での闘いを整理したあと、私は日本でのことについて口を閉ざした。それでいいと思った。あのときの決然とした気持ちを忘れずに生きていけばいいいことなのだ。

1999年10月30日、全国女性労働組合慶尚南道支部が発足。文化部長として再び活動を始めた

一九九一年七月六日、いつも自分のことはあまり話さず、他人の言葉をよく聞いてくれる寡黙な男性と同居式を挙げた。同姓同本［姓も本貫（祖先発祥の地）も同じであること。李朝以降、本貫が同じで同姓のものの結婚は禁じられてきたが、この同姓同本不婚を定めた民法の規定は、一九九七年に憲法裁判所で無効とされた］なので、あとでもう一度結婚式を挙げることにしたが、家の許しをもらうのが難しく、それを口実に自分たちだけで美味しい酒一杯でも飲もうというのが目的だった。ところが、狭い教会があふれるほどの仲間たちが駆けつけてくれ、私たちの同居式を祝う楽しいパーティーとなった。

日本遠征闘争を整理したのち、私は再就職をせず「働く者の労働問題研究院」の仲間たちと一緒に地域の多くの活動家と会い、困難を共にしながら、微力ながらも自分の労働運動を創りだしてきた。苦労を共にしたスミダの友人たちは、私よりももっと私を愛してくれる大切な家族になった。

子どもを産んで家で休んでいる間に私ができたことは、集会に出てひとり分の席を埋め、些細なことでも援助を求められることには喜んで参加し、馬山昌原女性労働者会の実務者になっているスミダの仲間のために会員活動を一生懸命やることだった。そうして一九九九年一〇月三〇日、全国女性労働組合慶尚南道支部が発足し、文化部長として再び活動を始めた。現在は事務局長となり、女性労働者運動を人生の目標として、女性労働者の権利向上のために最善を尽くしている。

一四年前、まるで雷のように私の人生を丸ごと揺さぶった日本での特別な日々は、とても些細なことひとつひとつまで脳裏に焼きつき、ちょうど体の一部になったように私のなかに入っている。あの日、あのときの涙、喚声、友だち、そして溜息までありのまま思い出すことができ、私は幸せだ。ときおり私自身の怠け心を揺り動かしたいとき、再び一九八九年一一月一五日の日本行き飛行機に乗ってみる。

〔翻訳〕尾澤邦子

第八章　アジアの女性たちとの連帯をめざして

イ・チョルスン（李喆順）略歴

一九五三年　一一月二四日京畿道安城《キョンギドアンソン》郡竹山面龍舌《チクサンミョンヨンソル》里生まれ

一九七三年　テドン化学（在ソウル）入社

一九七四年　JOC［カトリック労働青年会（四一頁訳者注〈1〉参照）］北部連合会拡張委員長として活動を開始

一九八一年　カトリック全州《チョンジュ》教区労働司牧委員会設立、事務総長

一九八七年　全国労働司牧協議会教育部長

一九八八年　CAW（アジア女性労働者委員会）プログラム・コーディネーター［事務局長］に就任［一九九二年まで、当時在香港］

一九九四年　国際グリンピース東アジア環境運動家プログラム準備委員長

一九九六年　韓国女性労働者会協議会（KWWAU）代表に就任し二〇〇四年現在四期目

現　在　韓国女性労働者会協議会代表［二〇〇五年一月まで］／社会連帯銀行理事／失業克服国民運動本部運営委員／アジア労働資料センター（AMRC）東アジア専門委員／CAW運営委員／韓国女性財団運営委員／仕事場作り委員会委員

一九八八年九月一七日、イ・チョルスンは香港行き飛行機に乗った。その日は韓国でオリンピックが開催される歴史的な日であったが、だれの祭りかわからない祝典に中途半端に加わりたくないとわざと選んだ日だった。飛行機の離陸でひやりとしてめまいを感じたかと思ったら耳がつまり耳鳴りが消えなかった。遠くから幻聴のようにささやく人々の声が聞こえはじめた。「行って戻ってきたら韓国に働く場があると思う?」「よく知らない外国でどうやって仕事をするというの?」「私も反対! ここにもやらなければならない仕事が残っているのになぜ外国に行って仕事をしようとするの?」「いや、今韓国では私がいなくても仕事をする人はたくさんいるでしょう。むしろ私の経験を必要とする人たちと分かち合うことがもっとよいことだと思うよ。意志疎通が難しい? 人と人とが出会ってする仕事なのだからできないことが何かある? 私はできるよ!」

耳の中を惑わしていた声が急に消えて初秋の高い空を飛んでいる飛行機の中は安らかだった。このように決めて出てきた香港行きだった。外国だからといって、少し違う仕事だからといって彼女を興奮させたり緊張させたりすることは何もない。労働者として現場に入り、JOC活動家として闘争の後ろ盾となり、益山《イクサン》[全羅北道にある地名]に行って労働運動をしたように、香港はまたちがった現場というだけだ。けれどもCAW(アジア女性労働者委員会)事務局長としての六年間は、労働者として、労働運動家としての彼女の人生に新しい一里塚となった。

CAWの活動を辞めて韓国に戻った後、一九九六年から韓国女性労働者会協議会の仕事をするようになったイ・チョルスン代表。彼女はグローバル化が女性労働者と労働現場に及ぼす影響について最もよく理解している人として知られている。一九九七年アジア通貨危機で世間が敏感になっていた時期に世界銀行の人が会いに来たことも、ＩＭＦ（国際通貨基金）の討論会にパネリストとして参加するようになったこともすべてそのような立場からきていた。

「ＣＡＷで仕事をしている間、一年のうち六カ月は外国に出張していたと思う。辛かったけれど私には新しい経験だったので仕事をすることは楽しかったですよ。とても多くのことを学び整理することができる契機にもなりました。ほとんどすべてのアジア地域の女性労働者たちの生活に接しながら、グローバル化の波がどんなに大きな問題であるかよくわかるようになり、それに対抗するにはひとつの国だけの運動としては絶対に成功しないのであって、もっと連帯が必要であるということを悟ったのですから」

実際は、イ・チョルスン代表は初めからグローバル化を意識していたのではない。劣悪な労働条件の中で働き、その上、毎日毎日労働現場の外に追い出される数多くの女性労働者たちの現実が、彼女をいつもたたかいの現場へ導いていった。そのように一九七〇代、一九八〇年代の重要な闘争に恒常的・間接的に関わっていった彼女に、労働運動は日常であり生そのものであった。

そうした彼女のたたかいの出発点には全泰壱《チョン・テイル》がいた。

一九七〇年代は朴正煕《パク・チョンヒ》軍事政権のあまりにもひどい弾圧にもかかわらず、労働者たちの闘争が激しく広がっていった時期だった。一九七〇年一一月一三日、「勤労基準法を守れ」「われわれは機械ではない」と叫びながら自身を捧げ、暗闇を照らす光となった全泰壱の死は、一九七〇年清渓《チョンゲ》被服労働組合の活動をはじめ民主労働組合運動の出発点となった。また、知識人が労働運動に関心を持つようになり、民衆の生と闘争が歴史の前面に浮き彫りになりはじめ、民主主義を進める歴史的事件とされた。

偶然に全泰壱の焼身を目撃したという友だちの話を聞いた一九歳のイ・チョルスンは、大きな衝撃を受けた。どうして自分と同じ歳の若い人がそのような辛い重荷を負っていこうとしたのか？　彼女は今まさに父母の懐から離れてソウルでの生活を始め、すべてのことが珍しく楽しいと思うだけの自分自身を振り返ってみた。

一九五三年一一月二四日、安城《アンソン》郡の竹山面《チュクサンミョン》で三男三女の五番目に生まれたイ・チョルスンは、農業を営む父母の下でさほど苦労のない幼少期を過ごした。四歳になった年には長兄の結婚で兄嫁が来たので、田舎育ちなら当然あったと思われる細々とした役割さえ彼女にはなかった。また、女は勉強をたくさんすると運勢が悪くなるという父母の意思に従い、中学校までで終わり、美術と体育に並外れていた才能を埋らせることが惜しまれた。都市の母親たちとは違い一度も勉強しなさいと言わなかった母は「遊びなさい」「元気でいなさい」という言葉だけ口にしていた。雨が降れば、風邪を引くと言って学校にも行かせなかった。けれどもソウルで公務員生活をしていた長兄の下に来て夜間高等学校まで終えた彼女は、他の人の助けなしに自分自身の力で生きていかなければならないと思いながら自立心を育てていった。

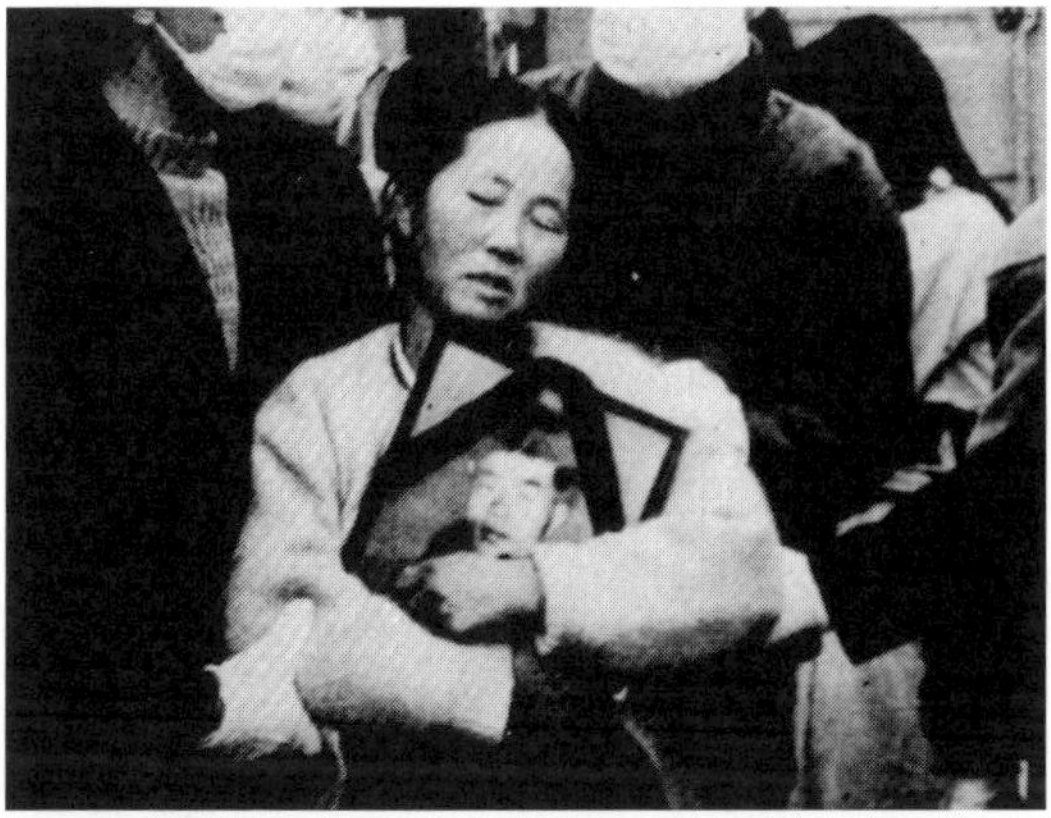

人のために自分の体を犠牲にするほどの愛はどこから来るのか？
全泰壱の遺影を抱くオモニ

ひょっとすると全泰壱の死は、イ・チョルスンも知らなかった彼女自身の天性が現れる契機となったのかもしれない。一体全体これまでの私の人生は何だったかという深い苦悩が彼女を捉えていた。

「ある日、兄が住んでいる永登浦《ヨンドンポ》に行ったとき、なにげなくキリスト教の聖堂に入っていきました。静かな礼拝堂の中でなぜか温かくて神聖な空気を感じ安らかな気分になっていきました。けれど十字架に釘打たれたイエスの姿があまりにも凄絶に迫ってくるのでした。胸がどきどきしてやたらと感情が高ぶり、『人のために自分の体を犠牲にするほどの愛ははたして何処から来るのだろう？』『全泰壱も自分を犠牲にするほど人々を愛していたということではないだろうか？』　あれやこれやと思いが交錯し、本当に自分自身が恥ずかしくなりました。しばらくこのようにしながら、自分をすべて捧げて人を愛する心というのは、まさに信仰であるという結論を出しました。涙が止めどもなく溢れました。カトリック信者の道がこのようなものであれば、喜んで終生受け入れて生きていくことができるように思いました」

その日チョルスンは、彼女の姿をずっと見つめていた補佐神父と長い時間話をした。神父は彼女に『何をする人たちか』という本を一冊くれた。興味深くかつ率直な語り口でカトリックに対して持っていた間違った偏見や考えを変えてくれる教理書なので、瞬く間に全部読んでしまった。そうしたチョルスンの考えと態度に満足されたのか、神父は教理問答本を下さり、それを一週間くらいですべて読んだ彼女は、直ちに洗礼を受け「イ・マリア」となった。

一九七三年、彼女はすべてのことをやめて、華陽洞《ファヤンドン》にあるテドン化学に入社し寄宿舎に入った。貧しく、抑圧を受けている人たちと同じようにしたいという祈りを実践しようと考えたのだった。

「はじめはゴムのにおいで頭がとても痛くなったり、苦労をたくさんしました。あまり遅くまで仕事をするので苦しく、痔にもなり胃腸病にもなるというような状態でした。反面、得たこともたくさんありました。労働者とは何なのかについて多くのことがわかるようになり、友だちもたくさんできました」

チョルスンは、このようにして労働者になった。

「この時以来華陽洞聖堂に通い始めましたが、ＪＯＣに関する本を二冊（『母親と教師』『ＪＯＣ会則』）もらいました。これを読んでカトリックの進歩性と社会参加について理解するようになりました。それからは集まりに参加するようになりましたが、はじめはお互いの生活の話を分かち合うことがさほど面白くなく、出かけないこともありました。しかしその集まりに来た人たちが、分かち合いがどんなに大切なことかを少しずつわからせてくれました。互いに対して関心を持ち、生活を反省しながら、新しい挑戦を継続していくことがとても楽しく面白くなりました。このようにしながら労働運動にも自然に関心をもつようになりました」

正しいと判断できるとなんでもすぐに実行する彼女の性格に、自ら確信をもてるようになったのもこの頃のことだった。ＪＯＣの活動を始めながら彼女の社会意識が具体化されていき、やらなければならないことには躊躇しなかった。ほどなく彼女の積極的で確固とした意志が認められ、ＪＯＣ北部連合会拡張委員としての位置が与えられた。さらに三カ月のうちに指導委員となり、教育と組織拡張の仕事を担当するようになった。

世の中は途方もなく不公平で非人間的であるけれど、絶望して自暴自棄になるには彼女はとても若く活気に溢れていた。今まさに二〇代に入ったチョルスンは、彼女が確信している希望を年若い女性労働者たちと共に分かち合いたかった。幼い手で辛い労働をしながら憂鬱な現実を黙々とよく耐えている彼女たちを見ると力が出た。一緒に行動すれば果たせない夢はないようだった。

けれども彼女たちに足りないのは時間だった。夜勤に休日勤務まで強制される過重労働は、新しい世の中に対する希望を話合う余裕を与えてくれなかった。しかしチョルスンは急がなかった。昼食を一緒に食べて、休み時間におしゃべりをしながら少しずつ少しずつ心を開いていく友だちが増えていった。こうして二年が過ぎると、近しい人たちを中心にグループ活動ができるようになった。互いに自分の悩みをうち明けて嬉しいこと、好きなことを一緒にやりながら、力をもらうことができる同志たちがいることは幸福なことだった。自然に現場での不便な問題を提起しながら小さいけれど日常闘争も展開していった。ライン別にひとつずつしかなかった箒をもっと支給するように要求したり、光が弱い蛍光灯を交換させたりすることなどであったが、すべてたやすく認められた。これまで与えられるままに黙々と受け入れることしかしてこなかった人たちは、この小さな変化にもとても驚いた。個人の不満は黙殺されやすくても、みんなが一緒にひと塊になれば大山も動かすことができる力が生まれるという事実に確信を得た。

このように労働運動家としてのビジョンがはっきりするやいなや彼女は迷うことなく活動を展開していった。テドン化学だけでなく他の事業所での組織も必要であるとの意見が集まり、彼女の役割はさらに大きくなっていった。夜も昼もないほど熱心に活動をしていると寄宿舎での生活は不自由だった。そこで会社の近くに部屋を借り、明かりが漏れないように窓を毛布で覆いながら集まりを持って一緒に勉強をしていった。

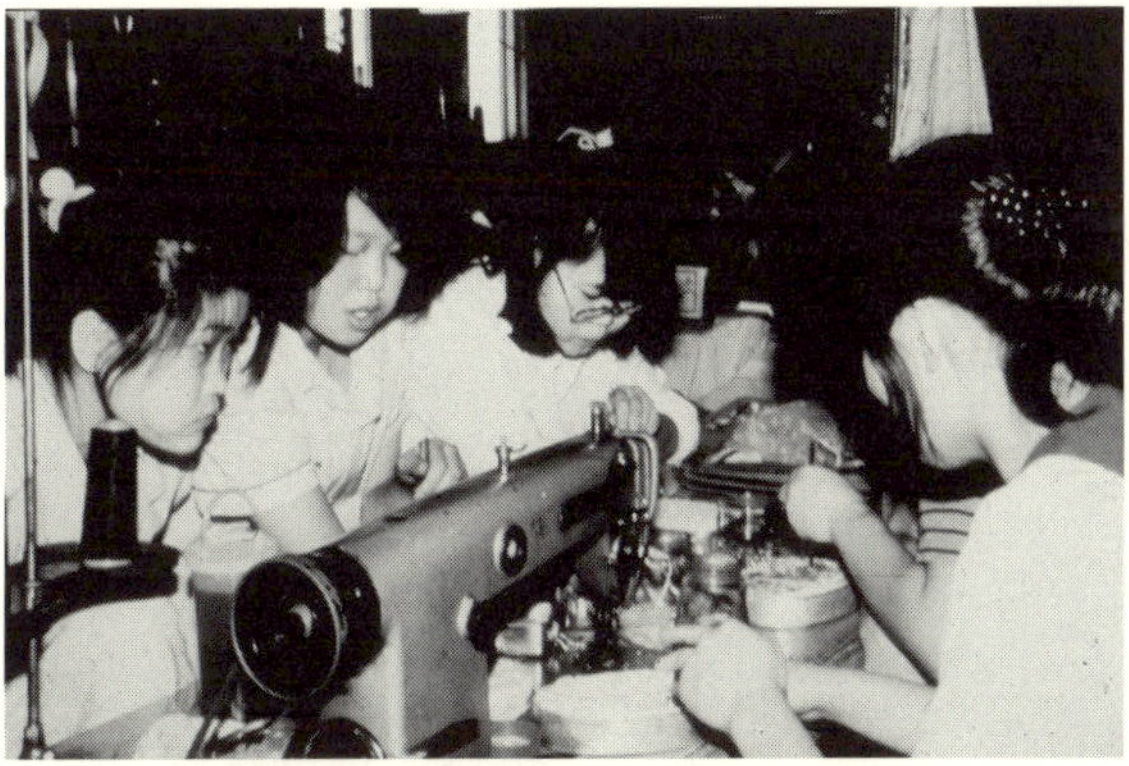
家計の援助や兄弟の学費のために工場で働く少女たち

「当時は一三歳くらいの少女たちが工場に大勢入って来ていました。みんな暮らし向きが苦しい家で、生活費を援助するとか、そうでなければ兄弟の学費を作ろうと幼い年で稼ぎに出てきたのでした。話を聞いてみれば勉強したいという子どもたちがたくさんいました。神父にこの話をしたら部屋を作って下さいました。こうして『聖心夜学』が生まれました。その頃はビラを配ることなどできない時代だったので、口コミだけでしたが一〇代の女性労働者が七〇人以上も集まったのですよ」

夜学が珍しかった一九七四年当時は、朴正熙維新政権の身震いするような恐怖政治が凄い勢いであった。けれども彼女は、夜学は自分のためではなく労働者たちになくてはならないという思いが強かったため恐ろしくはなかった。そしてこのはじめての経験で多くのことを理解し学んだ。何より彼女が驚いたことは、労働者たちが学生に対してとんでもない劣等感を持っているという事実であった。あるとかないとかいうのは違いだけで、そのことが差別の基準とはなりえないと固く信じていた彼女に、学歴コンプレックスは想像もできないことだった。夜学が始まると、勉強とは学校だけですることではなく、「卒業証」の有無を問題にする社会は腐敗した社会だという認識を強く植え付けるようにした。そして何より労働者としての自負心を持つようにすることを重要な学習の目標にした。

「その時、漢陽大、建国大、首都女子師範大（現・世宗大）の学生たちが講師［夜学教師］として来ていましたが、必ず守らなければならない事項を周知させました。『労働者は学歴認定を受けようとしているのではなく勉強をしたいのだから、絶対に試験をしないこと。勉強する時間もないので二年までは必要ない。一年課程でやればできる。一週間に一度対話する時間を持ち特別講義で労働法の講義をすること。』このようにしましたが、まったく参考書なしで勉強するなどということを彼らは想像もしていませんでした。そしてまた私に知らせないで試験を受けさせたりしました。まったく型にはまった考えしかできない人たちに怒りがこみ上げてきたけれど、事実、画期的なことでしたね。私がおこなったグループ活動で、持っていた本をすべて焼くこともしたのですよ。二期目の時はこの問題を解決するために教材を別に作りました。このように新しい試みを通して私も多くのことを学んだけれど講師たちも多くのことを理解してくれたと思います。このことを通して意識が高まり、信仰も深くなって神父になった友だちもいました」

労働者として生きながら自分で労働者意識を確かめていったイ・チョルスンだからこそ、労働者の立場でその心をよくくみ取る必要があるという準備をすることができたのだろう。そうしながら彼女はやはり鋼鉄のような鍛錬された労働運動家の道へ一歩ずつ進んでいった。この仕事をやるとかやめるとか、彼女は悩まなかった。ひたすらこの仕事をどのようにやるかについて多くを考えたが、それに何か決まりがあったようでもなかった。ただ、労働者も人間らしく生きることができる世の中になればという切実な思いで一日二四時間を徹底的に使った。

テドン化学では彼女が入社した後から多くの活動家が入ってきて、御用組合を覆す作業を継続していった。役割分担の中で彼女は他の事業所の組織化を任されるようになり、一九七六年テドン化学をやめることを決めた。退社するとき、当時では慣行のようになっていた退職金未支給問題を解決するために会社を相手に闘争に入った。同時に現場労働者に八時間勤務を保障することを要求し、受け入れなければ告発すると会社に通告した。ところがすでにＪＯＣの活動がある程度知られていたので、問題が発生することを恐れた会社が九時間労働と退職金支給を約束したため闘争は簡単に終わった。このようにいろいろ成果が出てきたので、彼女の活動は他の工場の小グループの指導にまで拡大していった。
　彼女はすぐに、劣悪な労働条件で幼い労働者たちの不満が高いユリム通商に入っていった。けれどもそこではすでに彼女の身分が明らかになっており、これ以上の現場活動は不可能な状態であった。結局他の活動家にまで影響が及ぶことが予想されると彼女は会社を辞めた。現場に固執することは、まかり間違えば無駄な対価を払うか消耗してしまうかだという結論を出し、その後ＪＯＣで常勤をしながら本格的な労働運動家としての活動に進んでいった。

「そのころＹＨ貿易〔第四章パク・テヨン参照〕の話を聞きました。当時幼い女性労働者たちは、劣悪な労働条件を耐え抜きながら、家族を食べさせ生きさせなければならない場合がほとんどでしたが、ＹＨ貿易は請負制なので仕事がなければ給与がまったくもらえなかったのです。そこで多くの女性労働者が、酒場に出かけアルバイトするほかない状況でした。劣悪な労働条件の代名詞であった清渓被服のような所でもその時すでに基本給があったので、ＹＨ貿易がどんなにひどい勤労条件であったかわかります。仕事をしたくなくてしないのではなく、会社が仕事を供給しないためにやれないのだから、当然会社が労働者の基本的な生計費を保障するべきなのです。こんな酷いことはない。いずれにしても、何かが変わらなければならないと判断してＹＨ貿易の労働者を集め組織しました」

　彼女は一九七五年五月、ＹＨ貿易労働組合が結成されるのに決定的な役割を果たした。組長を中心に集まった女性労働者たちはとてもしっかりしていて献身的であり、組織化は急速に進展していった。けれども組織ができると五人が解雇されるという状況が発生し、会社からチェ・スニョンはじめ彼女とつながっていた四、五人の労働者が洪城《ホンソン》［ソウルから列車で二、三時間の距離］工場へ送られてしまった。このまま躊躇していてはならないと判断したイ・チョルスンは急いで洪城へ行き、労働組合結成準備に拍車をかけた。そして彼女たちがソウルに集まり労働組合結成大会が電撃的に敢行された。

このように、多くの現場闘争と民主労組結成に直接関与しながら指名手配状態になったこともあったが、運動に対する彼女の熱情はさめることはなかった。一九七八年東一《トンイル》紡織［第一章参照］で糞尿事件が起こったときは、東一紡織事件緊急対策委員会に連帯し、糞尿をかぶった東一紡織労働者の写真を入れたちらしをトラック一台分作った。そして神父にも頼んで全国に配布した。

彼女はいつの間にか有名人になっていた。清い水も溜まれば腐らないか。イ・チョルスンは一カ所に長く席を占めることを何より警戒した。何でも慣れるほど体は怠けて欲が麻薬のように立ち上り新しい流れを妨害するものだ。

「東一紡織労働者の連帯会議に行けば、咸錫憲《ハム・ソクホン》先生のようなあまりにも著名な方たちと私が対等に座っているようになりました。カトリックではこのような場所に神父たちが出席しないで私たち実務に当る者が出ていくためにこのようになるのでした。こうした会議に出席するためにとても多くの時間が費やされた上、こうしたやり方で自分が有名になることは絶対に私が望むことではないと考えるようになりました。そこで指導神父に私がいる場所ではないようだと言うと、全国を訪ねながら頭を少し整理してみるようにと旅費を下さいました。久しぶりに休息をかねて安城の実家にも戻り、たくさんの人を巡り訪ねました。実家に行くと従兄が私を呼び止めて、四・一九の時［四月革命。一九六〇年四月一九日学生を中心とする李承晩《イスンマン》政権打倒の反独裁民主革命］どんなに多くの人が犠牲になったかという話をしながら、実家に被害を与えないで平凡に生きろと説得したんですよ。でも家では、私が良い仕事をしていると信じてくれました。とくに母は、私が自活し、早くから父母のそばを離れ一生懸命に生きている私を誇らしく思ってくれました」

このように信じていた娘が警察に連行された写真をカトリック新聞で見て、父親が倒れた。一九七四年テカン産業闘争の時だった。シンポジウムを準備している間、ふたりが連行されて行き、残った人たちが一晩中決議文を準備して講堂に入ろうとしているところだった。そこでは行事が無期延期になったと公告され、警察がその場を占拠していた。その時決議文を隠し持っていたチョルスンが警察に連行されて行き、その光景を目撃した池学淳《チ・ハクスン》主教が驚いて倒れた。彼女は神父たちの抗議で解放されたが、連行された事実がカトリック新聞に出たので、それを見た父親が高血圧で倒れたのだった。

「父が意識不明だと突然連絡が入りました。しかしすぐに収拾しなければならないことが山積みなのでとても行くことができませんでした。ある程度仕事が整理できてから行ってみたら、父は私が誰かわかりませんでした。だんだんとよくなったけれど結局それが持病となり亡くなるときまで苦しみました。誰ひとりおおっぴらに私のせいだと言わないけれどとても胸が痛みます」

彼女がいつもどんなことにぶつかっても迷わないで生きていけるのは、このような家族の信頼が根底にあるからであった。しかしどんなことにも干渉しないで信頼してくれていた母親が、安城からさらに遠くなる彼女の益山行きにはどうしても反対だった。けれども彼女は東一紡織事件が整理された一九七八年八月、全北《チョンブク》地域ＪＯＣ拡張委員として益山へ行くことを決めた。

「そのころの全北の運動体は弱く、農民会だけが微々たる活動をしていました。だからそこにいるべきだと判断したのです。教区庁から部屋をひとつ借りて貰って一カ月間地理を習得し地域について把握した後で、工業団地がある益山に行くことにしました。私が労働者のいるところに行くことを決めると主教は驚嘆されました」

彼は仕えられるために来たのではなく仕えるために来たと言われた［聖書からの引用］。自分だけが楽をしようとせず労働者と共にいるために危険と苦しみを顧みようとしないイ・マリアは、何度も主教の説教の主題となった。

鞄一つと必要な何冊かの本だけあれば彼女はどこにでも行った。執着が多いほど体は重くなり動くことが苦になるはずであった。全州《チョンジュ》と群山《クンサン》との中間地点である益山に場をおき、地域実態調査に出かけていくときも彼女の体は軽かった。労働者に対する信頼と愛とで心をいっぱいに満たせばできることであった。

活動を始めるためになんの基礎的組織もない状況だったので、彼女は労働者と会う場を作るために夜学を開いた。こうして始まったそこでの五年間、眠らなくてもびくともしないほど盛んに仕事をした。辛かったけれどよい人たちとの出会いが続き、彼女の人生で重要な時期の一つとなった。

「全州、群山、益山で一カ所ずつ夜学を開きましたが、ソウルでの夜学活動の多くがその土台になっていました。そこでも勉強は学校でだけするものではないという事実を強調しました。〝○○証〟が人を判断する基準とはなりえないのであり、機会を逸したと考えるのをやめて懸命に生きましょう、と訴えました。三カ所の講師たちが集まって共同会議をして、教材も作り、十カ月を一学期にし、泊まりがけの研修会も行いました。クリスマス行事のようなときは現場に三〇〇から四〇〇人の労働者が来るほどで、素晴らしく面白い夜学をしました。私も多くのことを学び経験した時期でした。ギターのクラスを作って私も二カ月習ったし、作曲したりもしました。こうしてみるととても不可能なことをしたようにも思えるけれど、事実、そうするしかないという状況でした。とても優れた才能をもった労働者も多く、自分たちで台本を書き、俳優になって監督をしながら公演もしました。機会が与えられると自分たちの才能を一〇〇%発揮したんですよ。何より意味があったことは、一期の労働者が二期の時には大学生たちに混じって講師として活動するようになったことです。自分も教えることができるということに大きく鼓舞されて一生懸命準備しながら大学生講師と競争するように熱意を示していました。一週間に一度ずつ集まり評価しあったり、雰囲気がとても良かったです」

夜学は労働者が学びに来るだけのところではなかった。労働者たちは学びながら教えることも考え、大学生たちはまた教えながら多くのことを学んでいった。こうして労働者の意識が成長し、夜学も活発になると当局が取り締まりに出てきた。そして彼女が実態調査をした結果が、カトリック正義と平和委員会の援助で黄色いカバーの冊子として出ると、一気に大騒ぎして内容もわからないまま「黄色い本、黄色い本」と言いながら回収しろと騒ぎ立てた。

それは一九八〇年の戒厳令下のことであった。けれどもカトリックの力があまりにも大きかったため、当局もマリアには敢えて触れなかった。神父たちが、マリアに手を出したら放ってはおかないと強く主張したおかげで、警察はイ・マリアに会おうという言葉を口にもしなかった。しかし巧妙に、彼女は共産主義者だという噂を立てて厳しく尾行したので、イ・チョルスンは教会の中の守衛室を居場所にしてソウルに行くときまでそこで過ごした。夏は蒸し暑く、冬には石油ストーブをおいてもコップの中の水が凍るほど寒く、腰も痛くて体がとても衰弱したりもしたが、彼女は不平ひとつ言わなかった。

益山にきて最初に始めた現場の仕事は、テボン産業のテチャンメリヤス御用労組を民主労組に変える作業と、アジアスワニーでの組織化であった。その地域全体を行き来しながら活動する間、イ・チョルスンの部屋は労働者たちに〝マリヤ別荘〟と呼ばれた。

「三カ所の地域をいつも行ったり来たりしたのですが、一度は群山で開かれる会議に出席しようとバスに乗ったら、交通事故でバスが田圃に転がってしまったんですよ。その瞬間死ぬか障害者になるだろうと思いました。その渦中でも、死ぬことは構わないが、この地域の労働運動はどうなるだろうか、そうであれば誰と誰がこの仕事をするようになるだろうかなどの考えが頭をよぎり、そのうちに気を失ってしまい、騒がしい声で気が付いたのですよ。あゝ、私にはまだやらなければならないことが残っているようだと思いました。そして表面上何の異常もないようなので奮い立って起き上がり会議に行ったら、騒ぎになっていました。交通事故のニュースが放送されていたのです。会議に行かなければとの思いでその日は気がつかなかったのですが、次の日全身が痛くて起き上がることができませんでした。その時から死ぬことに対して恐れが無くなったみたいです」

初めに計画していた三年の歳月があっという間に過ぎた。一緒に働いた労働者たちは労働組合を作りながら積極的な活動で地域の労働運動を育てていき、大学生講師たちは学校でデモをして拘束されたりするなど、夜学を通して知り理解したことを実践に移していった。自分の役割は終わったと判断したチョルスンが再びソウルに行こうとすると、全州教区庁が彼女を離さずもっといるようにと願った。これまで蒔いてきた労働運動の種がもっとしっかり根を下ろして欲しいという気持で、一九八一年からは全州教区労働司牧委員会を発足させ、それを引き受けて働くようになった。そして二年の間に地域をとてもよくわかるようになり、座ってする仕事が多くなるや彼女は再び離れていこうと考え始めた。この間彼女の年も三〇歳になっていたので二〇代後半をそっくりそのまま益山で過ごしたことになる。いま三〇代を新しく準備しようとする気持もあった。後任に元豊《ウォンプン》毛紡副委員長を務めていたパク・スンヒ先輩が決まると、また鞄ひとつだけを持って一九八三年九月ソウルへ行った。

少し休もうと思った。過去一〇年間、休む間もなくどんなに多くの仕事について考え判断し、決定しなければならなかっただろう。あるいは考えるよりも早く動いてしまう体のせいで、さらに多くのエネルギーが必要だった。いま、充電のための休息が必要な時期だった。ところが彼女の消息を聞いた韓国教会社会宣教協議会［以下 社会宣教協議会］から一緒に働こうと提案された。そして周りも彼女をそっとしておかなかった。休んでいたら結婚してしまうかもしれないと思われた。彼女のように能力のある活動家が結婚するとたちまち活動に支障を来すからダメだと電話をかけてきたり、訪ねてくるなど煩わしかった。結局ソウルに来てから三日休んだだけで、プロテスタントとカトリックの社会運動団体が一緒に活動している社会宣教協議会で、労働分野と貧民活動家訓練部門を引き受け、教育・訓練の仕事をするようになった。そしてその頃組織論議が盛んであった韓国労働者福祉協議会の結成を助けた。
いささか無理矢理始めた社会宣教協議会での仕事は、彼女を少しずつ憂鬱にしていった。組織があまりに政治的に動くことも不快だったし、大衆を煽り立てるやり方も気に入らなかった。彼女は世界を全部くれると言われても喜びが無ければ仕事はできないと判断して、社会宣教協議会の仕事を辞めると通告した。けれども決して離そうとしなかったので、数年前から神父たちが提案していたフィリピン留学を決めてしまった。

「その前に高麗大学に編入して学生運動を指導したらどうかという提案があって準備をしたこともあったんですよ。けれど周りの反対が強かったのです。私が一番愛している人たちが望まなければ行くべき理由がないと考えて諦めたのです。しかし社会宣教協議会を辞めようと思ったときは、とても辛くて疲れた状態だったので少し休んだ方がよいと考えていたときでした。そこでこれまで時々神父たちが提案された留学の話がまた出てきたので、あっさりそのようにしようと決めたのです。勉強そのものに対する期待よりは休む機会にと思ったのだけれど、今までの活動を理論化してみたいという希望もありました」

一九八四年のフィリピン行きは、彼女に新しい転機となった。はっきりと計画されたプログラムがあったわけではないけれど、結果的に途方もない変化が彼女を待っていた。しかし出発から順調ではなかった。フィリピンにゲリラ訓練を受けに行くなど情報部から悪意ある情報を流されたために旅券がなかなか出なかった。結局池学淳主教の助けで単数旅券を持って飛行機に乗ったけれど、学生資格がないので不安な出発だった。けれどいずれにせよ卒業証書が必要で行く留学ではないので大きな問題ではなかった。

「出発しようとしたとき、噂を聞いて益山からお金と手紙が送られてきました。『いつも私たちに教えて下さり、今までに知っていることだけでもできる仕事がたくさんあるのに、これ以上何を学びに行こうとされるのですか』という内容でした。飛行機の中で読みましたが、あまりに恥ずかしく心が痛くてどんなに涙が出たでしょうか、化粧室に行ってたくさん涙を流しました。泣きながら誓いを立てました。いま私の体は離れて行くけれど、戻ってくるときも今と同じ姿で帰ることがこの人たちに対する恩返しだと」

休息しようと思って来た外国の地であったけれど、なじみのない不慣れなところでの生活は決して易しいものではなかった。イ・チョルスンがフィリピンに来たという消息を聞いて、ＳＦＩという大学から学長である修道女が会いたいと連絡してきた。そして自分たちの大学でひとまず勉強すれば、もともと入ろうとしていたアジア社会科学大学で単位が認定されて編入学問題が解決されるという提案をした。それもひとつの方法だと思い受け入れた。そこで聴講した基礎社会学は教授である修道女が活動家だったので、彼女とよく気があって楽しく記憶に残る授業になった。

はじめは英語に対して準備がまったくなかったので、他の人との意志疎通がとても難しかった。しかし意気消沈したりストレスを感じるというよりは、当然のこととして受け入れた。そして新聞を熱心に読んで、寄宿舎にいる引退した老教授たちと対話をしながら少しずつ英語になれていった。問題はフィリピンの夏の蒸し暑さがほとんど殺人的であるということだった。蚊も多く眠れず起こされるので神経がぴりぴりしていた。寄宿舎の食事がよくなくて一時は栄養失調にもなった。

まもなく彼女はアジア社会科学大学へ移り、社会事業学を学んだ。特別に難しかった経済学を除き、他の科目はこれまでしてきたことを確認する程度の勉強なのでまったく難しくなかった。討論が多く試験のない大学であった。

「私が年も上で韓国での経験が豊富だったので、教授たちを手助けしたりしながら親しく過ごしました。評価も堂々と要求しました。私はすでに経験があり知っていることなのでA評価をくれるべきだと主張したら、教授たちが笑いながら、厚かましいと冗談を言ったりもしました。最後の学期に、アイルランドの聖コロンバン神学大学でおこなわれる『国際社会正義のための正義と信仰』の教育課程担当の学長にたまたまインタビューをすることになりました。その課程は私がとても受けてみたいと思っていたものなので、先方が要求するエッセイを書いて送ることにしました。すると、学期が終わる前にその課程を受けに来るようにとの連絡がありました。そこで行くことにしたのですが、アジア学のピーター・カルノ教授が、授業で発表すれば卒業単位をあげようと言いました。『正義と信仰』プログラムに参加するにはそれが必要でした。そこで私の経験を土台として、韓国の状況を中心とするアジア地域での教会の影響について発表をしました。韓国の状況についての初めての発表だったので学長も参席し関心が高かったです。とても役に立ったとピーター教授が感謝していました。それでアイルランドへ出発しました」

アイルランドの聖コロンバン神学大学であった「国際社会正義のための正義と信仰」という六カ月間の教育課程は、正義と平和のために働く修道者のための再教育プログラムである。二六カ国から来た三七人の参加者の中で一般人は彼女を含めて数人に過ぎなかった。

「そこでの生活は私の人生で最も幸福な時間でした。自分自身を顧みて見つめ直し、生きることの目的を持つようにしてくれるそんなプログラムでした。ひたすら信仰の中だけで応答がなされ、すべての思惟の結論は愛でした。途方もない創意力があふれ出てきて、扱いきれないほど満ちあふれる状態になりました。一人ひとり結論は違っているけれど、私は久しぶりに休みながら自分を振り返ってみる機会となった上に、尊敬する方たちの講義を聴き、多くのことが整理され、一日一日の生活がとても意味のあるものでした。そしてそこで一緒に勉強した三七人の同期の人たちは生涯の知己となりました」

最後の課程である沈黙の時、彼女は自分でも悟っていなかった自我と真っ向からぶつかりながら、深い泥沼にはまったような全身と霊魂が葛藤する経験をした。彼女は自分を縛っていた見えない何かから自由でありたいと思った。さらには神からも自由でありたいと思いながら眠ることもせず、三日間を通して涙をこぼしてばかりいた。まったく何がそんなに涙を流させるのかわからなかった。そのうちにふと、イエスの足を洗ってあげた長い髪と高価な香油を持ったマクダラのマリアに比べれば自分は何も持っていないという結論が出て、その時から自分の中に奥深く潜っていき自分自身と対話し始めた。そしてすべての執着から自由になったことを感じるようになり、理解できなかった苦痛から突然解き放たれたのだった。

「あの時またわかったことは、私が愛していた人と別れてしまった後、誰かを再び愛するということに壁を作っていたということです。そのことさえも確実に壊してしまいました。それからは愛も結婚も私には大きな意味がなくなりました。それで私は今まで結婚をしないでいるのです。ハハハ。あの六カ月間は本当に自分自身を完全に作り替える契機となりました。そしてその時、私はどんなイデオロギーも何の役にも立たないという結論を出しました」

思い出すだけでも力が溢れてくる時間を持ったことは幸せだった。その経験を通して自分を一〇〇

%変えたとは言えないかもしれないけれど、困難で辛い状況に陥った時には、またあの時の自分を見つめながら大きく深呼吸をしてみる。

一九八七年一〇月、彼女はソウルに帰ってきた。労働運動の現場は以前の関係がまったく崩れてしまった状態だった。お互いに対する葛藤が深くなり地獄と変わらなかった。アイルランドでは死ぬことも恐ろしくなくイデオロギーは無用のものだった。絶対にそのために死んだり生きたりするものではないと結論を出したのだったが、戻ってみると現実はそれとは違っていた。彼女は以前の関係へと回復させようととても努力したが、役不足だった。あれこれ仕事の誘いを退けて、労働司牧協議会に入り六カ月間教育事業に参加していたが、韓国教会社会宣教協議会を通してCAW（アジア女性労働者委員会）で働く人が必要だとの連絡を受けた。

はじめは不可能なことに思えて断ったけれど、彼女は周りの励ましで一九八八年九月香港行きの飛行機に乗った。苦しんでいる同志たちを残して再び韓国の地を離れることを心苦しく思いながら、彼女にしてもどうすることもできない状況だった。外国で働くことははじめてだから心配がなかったわけではないけれど、彼女には退けることのできない新しい挑戦だった。

一九八一年に発足したCAWは、アジア地域の女性労働者のために働く団体である。各国の女性労働者たちが置かれている状況を把握し、共有しながら、必要な部分は連帯して問題を解決する仕事が中心的な活動であり、そして何より重要な仕事は、女性労働者が主体となった女性労働者の会や女性センターのような組織を結成し、女性に必要な活動を展開していけるように支援することである。イ・チョルスンはＣＡＷの総括責任を負う事務局長の職責を引き受け新しい可能性を作っていった。

彼女以外のふたりのスタッフは、前職がニューズウィーク記者であった人と修士学位をふたつ持っている才媛であった。彼女たちは韓国から来た労働運動出身のイ・チョルスンに対してとても

ＣＡＷ（アジア女性労働者委員会）事務局長として新しい挑戦を始めるイ・チョルスン（香港にて）

緊張しているようだった。けれども彼女の民主的で合理的な仕事のやり方にすぐにとけ込んでいった。事実、彼女もはじめて接した西欧式の作業のやり方に適応するのに最初の三カ月は苦戦を免れなかった。運営委員会で決められた方針に基づき、三人がさらに議論して具体的な行動を決め、共同で分担し合ってやらなければならないことはとても難しいことだった。

「はじめの頃は賃金も少ないし香港の物価は高いので、安くてとても小さな部屋に住んでいましたが、まるで監獄のようでした。そのことが私を一番憂鬱にしました。その上すべての資料を英語で読み、話さなければならないので、頭も痛くてストレスを受けざるを得ませんでした。勤めてから半月ほどたったある日、私は一緒に勤務している同僚に、サウナのある場所を聞いてそのまま何も言わずに事

務所を出て行ってしまいました。彼女たちはとても驚きましたが、それからは私の状態を理解しはじめました。お互い文化的な背景と水準が違っているけれど、同年輩だった上にみんな合理的で円熟している人たちだったので、お互いに配慮し、理解しながらチームワークを作っていくのに問題はありませんでした」

各自得意な分野を担当して、十分な討論を経て結論を出すというやり方であったために、総責任者だからといって特別強引な主張はしなかった。ふたりのスタッフも彼女を信じ後押しする関係が定着するようになり、組織が円滑に運営されていった。そのような過程で彼女も学ぶことがたくさんあり、このような効率的な作業の仕方によって、スタッフが八、九人いる他の国際NGOに比べて確実により多くの仕事ができた。そして現場労働者出身であり労働運動の背景を持っているイ・チョルスンが入ってきたことで、女性労働運動家を多く育てることができた。

「私は人をまず信じるから、誰とでも気安く付き合えます。食べ物も好き嫌いがない方でどこへ行ってもその国の食べ物を食べようと努力するので、どんな地域に行っても困りませんでした。事実、とても面白い仕事が多かったです。香港には国際NGOが多いので一緒に山にも行き、夏には船に乗って出かけて泳ぎ、そんなやり方で多くの人たちと出会うことができたのです。ちょっと大変だったこととしては月給が少ないのに部屋代が高いことでした。あとで私は月給を上げて欲しいと提案をして受け入れて貰いました。いまのスタッフはおそらくあの時より少しよい条件で働いていると思います」

ＣＡＷは一年の中で半分程度は外国に出張しなければならないほどアジア地域をほとんど網羅する活動を進めていた。その当時は組織化と意識化作業が最優先であった。各国の輸出自由地域（輸出加工区）はほとんどが古い企業文化を持っており、女性労働者たちが権利を主張しなければ何も認めようとしない共通点があった。

輸出加工区で働く女性労働者－女性たちが権利を主張しなければ何も変わらない

「各国ごとに輸出自由地域が作られて急速に工業化が進行していき、田舎から若くて仕事が早い女性たちが都市へ押し寄せました。そうすると労働者たちの宿舎が不足し、スリランカやインドネシアのような所では家畜小屋を簡単に修繕して、月払い家賃で宿舎に使っているところがたくさんありました。その狭いところに八、九人の労働者が寝泊りし、二交替や三交替で働いているのです。宿舎はトタン屋根で覆われており夏はまるで蒸し風呂のようだけれど、仕事のことを考えると眠るほかない状態でした。その状況を見るととても気の毒で自然に拳をぐっと握ってしまい足取りを速めました。また当時独裁政権下にあった台湾に行くときは、私がブラックリストに載っていてビザが出なくて苦労しました。実際は、私たちの役割は闘争の前面に出ていくことではなく、各国の状況を把握してアジア地域の他の女性労働者たちと共有し、必要な場合には各国の活動家がうまく働けるように側面から支援をする仕事でしたので、それほど警戒されませんでした」

一九八七年三月、韓国でも解雇女性労働者と女性活動家たちが中心となって「韓国女性労働者会（KWWA）」を結成した。イ・チョルスンは韓国の女性労働者運動を韓国の外に引っぱり出すのに少なからず影響を及ぼしている。アジアで開かれる会議に韓国の代表を参加させて外国の状況を共有させ、また韓国での活動を翻訳して外国に知らせるのに大きく貢献した。一九八九年に、CAWが二年に一回開いていた「アジア地域女性労働者会議」を韓国で開催した。この会議は、組織、教育、文化などの内容で講義と討論をする形式で行われた。その目的は、アジア地域の女性活動家が韓国の労働運動の状況を共有しながら、各国の経験を交流することによって、アジアの女性労働者の共通の状況を認識するようになることであった。CAWに入ってから一年あまりで試みた仕事であったことを考えれば、いま振り返ってみてもよくがんばったという満足感がある。

イ・チョルスンと韓国女性労働者会はますますお互いに有機的な関係で結びついていった。一九九

国際的な連帯を通してグローバル化問題に立ち向かうアジアの女性たち

二年、各地域の女性労働者会で展開する事業をより効果的に推進していき、政策対応能力を高めるために「韓国女性労働者会協議会（ＫＷＷＡＵ）」（以後ＫＷＷＡＵ）が発足すると、イ・チョルスンはＣＡＷの仕事をしながら国際連帯委員としてＫＷＷＡＵを支援した。彼女のこうした努力でＫＷＷＡＵの活動視野が広がり、必要な部分に財政支援を受けさせることで活動をさらに豊かにした。そして他の国との交流プログラムを多く持つことで連帯闘争までも可能にした。韓国の企業が多く進出しているインドネシアの場合には、ＫＷＷＡＵがはじめてインドネシアの女性労働者を招いて交流を行い闘争支援のための記者会見を行った。

「こうしたことは特別に韓国のためにしたというよりは、韓国をよく知っているので配慮をしたというわけです。他の国に比べて韓国が進んだ女性労働運動をしているので分かち合いたいという意味も大きかったのです。

実際、韓国の場合だけではなくＣＡＷがやっている仕事の大部分はこうした内容で進行しています。どこかの国で問題が発生すれば声明書を出して各国がこれを共有するようにし、共通の問題である場合には連帯闘争を進めます。このような交流を通して他の国の女性労働者について理解しながら関心を持つようにすることで、全地球的な問題に共同対応することができる条件を作り出していくのです」

彼女がＣＡＷにいた六年の間にＣＡＷは大いに発展し、国際的な運動の中に女性労働者運動が場を得たという評価を受けた。アジア地域で脆弱なところから組織を育て、今はほとんどの国に女性労働者の会がある。彼女のこのような組織の仕方は、教材になり他の国で今でも教育資料として使用されている。むろん彼女が努力したことに比べれば発展の速度があまりにも遅くもどかしいこともある。けれどいつも同じ場所を守る人たちがいて、少しずつ広がっていく様子を見ながら小さな希望を育てていくことはやり甲斐も大きい。

彼女が一生女性労働者運動を続けていこうと決心するようになったのは、ＣＡＷで仕事をするようになってからだった。アジア各国の女性労働者の組織化活動を支援しながら、彼女はアジア地域のどこでも女性労働者みんなが同じ立場にいることを理解するようになった。そして二重三重の苦痛を受けながら生きている女性たちが中心となって運動をしなければ、世の中を変化させることは不可能であるという結論を出した。イ・チョルスン自身もグローバル化問題がどんなに大きなことかを理解するようになり、女性労働者運動がひとつの国だけの運動としては絶対に成功しないのであって、国際的な連帯が必要であることを深く理解するようになった。

「こうしてその場で五年にもなると、もうじっとしたままですべてのことを整理できるようになりました。動かなくてもすべてわかるので仕事をするのは容易いことでしたが、私はこうした状況は、本人にとっても組織にとってもこれ以上発展がないことだと考えました。よくわかるので私のやり方のまま組織を掌握できましたが、これは組織にとってよいことではありません。そこで辞めるときが来たと思いました。ＣＡＷのスタッフとして二回の任期を経てたくさんのことをしました。私は最善を尽くしＣＡＷの活動を発展させたので、今は違う能力を持った人が違う段階へ変化させる時期だと考えました。事実、ＣＡＷの仕事をしながら私自身が多くのことを学び成長したことは言葉に尽くせません。ＣＡＷの仕事を終えて韓国へ戻ってきたとき、行くときに反対した人たちが私に先見の明があったと言ってうらやましがりました。労働運動の中から女性が外国に出て仕事をしたのは、私がはじめてでした」

後任者を選んで一九九四年一〇月に韓国に戻ってきた彼女は、今もＣＡＷの運営委員として、香港からバンコクに事務所を移したＣＡＷの活動に緊密な関係を持ち援助を続けている。韓国に戻ってきてすぐ、グリンピースが東アジア環境運動家のための訓練プログラムをするので準備委員長を引き受けてくれと言われ、八カ月間一緒に仕事をした。そして一九九五年、市会議員となったイ・ヨンスン代表の後任として韓国女性労働者会協議会（ＫＷＷＡＵ）代表になった。

ＫＷＷＡＵは、ＩＭＦ危機以後急速に広がった女性労働者の非正規職化と女性の失業に対応して、現行法に保障されている法的権利を確保することだけでなく、法改定をめざす多様な運動を進めていった。ＫＷＷＡＵの支援によって一九九九年に結成された全国女性労働組合（ＫＷＴＵ）は、今では一三支部五〇余分会で五〇〇〇人余りの組合員を中心に、働く女性の政治、経済、社会的地位向上のために多様な活動を展開してきている。

「これまでの私の運動は生きることそのものでしたので、特別な意味があったとは考えていません。しかしその運動の中心には神さまがいました。私が最も苦しんでいるとき私を引き起こし立たせて力を下さいましたが、神さまは広くて自由であるので私を拘束しません。今は教会の外で活動をしているけれど、これが神さまが私に願っていることだと思います。私は、女性たちと一緒に働くＫＷＷＡＵの仕事にとても満足しており幸せです。私は、組織の代表者としてひっきりなしに会合に出て、よい席に座り、名前がいつも出るような『代表運動』をあまり好きではありません。ですから、組織として少し力を失うことがあったとしても、私が出ないで他の組織員にもっと多くの機会を与えたいと思います。

私がしなければできなかったという考えが実は慢心を育てるのです。どんな仕事でも必ずやるべき人が定められているということはありません。誰でもできるしやらなければならないことです。社会が多元化されてきているのだから自分の中をいっぱいのぞいて見るべきです。自分自身を失ってしまうことは易しいです。問題を外側に探さないで自分の中から探す訓練をしなければなりません。それ

働く女性たちの運動は世代から世代へ、未来に向かって繋がっていく

が健康で長くうまく生きていく道だと思います」

ひとつの組織に五年止まらないという原則を持っていたが、彼女は組織の要求を無にできず、すでに八年の歳月を超えていま最後の任期を過ごしている。来年二月になれば後輩に席を譲り、またどんな仕事でも与えられるままに最善を尽くすだろう。彼女はあいかわらず鞄ひとつだけ持ってどこにでも行くことのできる自由な人だ。

どんな仕事であれ人がやる仕事ならばできないことがないイ・チョルスン代表。自分の力量が不足すれば周りの人たちと一緒に補いながら粘り強く発展させていった彼女に、私たちは女性労働者運動の現場で、いつでも会うことができる。

〔翻訳〕小池恵子

参考年表

韓国と朝鮮半島のうごき

一九四五年
8・15 日本の植民地支配から解放（48年に南北が単独政府樹立）

一九五〇年
6・25 朝鮮戦争勃発（53年に休戦協定調印）

一九六〇年
4・19 李承晩退陣要求の四・一九学生革命

一九六一年
5・16 朴正煕ら、軍事クーデター
8・30 韓国労働組合総連盟（韓国労総）結成

一九六三年
12・17 朴正煕、大統領就任

日本と世界のうごき

一九四五年
8・15 連合国に無条件降伏

一九五〇年
8・10 警察予備隊発足

一九五九年
12・14 在日朝鮮人の帰国事業開始

一九六〇年
1・19 改定日米安保条約調印

一九六一年
8・13 ベルリンの壁建設

一九六三年
11・22 ケネディ米大統領暗殺

一九六五年
6・22　日韓基本条約締結
9・25　ベトナム派兵韓国軍、ベトナム到着
一九六七年
4・01　九老輸出工業団地完成
一九七〇年
1・01　馬山輸出自由地域設置法公布
11・13　全泰壱、労働条件改善を求めて焼身自殺
一九七二年
7・04　平和統一に関する南北共同声明発表
10・17　維新クーデター、非常戒厳令布告
一九七三年
8・08　金大中拉致事件
一九七六年
3・01　金大中ら、三一民主救国宣言を発表
一九七八年
2・21　東一紡織女性労働者に対する糞尿事件
一九七九年
8・09　YH貿易労働者が新民党舎で籠城、警察の強制排除で女性組合員が死亡

一九六五年
2・07　米、ベトナム北爆開始（75年ベトナム戦争終結）
一九六七年
10月　米国でベトナム反戦デモ展開
一九七〇年
3・31　日航よど号ハイジャック事件
12・20　反米軍のコザ暴動
一九七二年
2・21　ニクソン訪中
一九七三年
5・15　沖縄返還、沖縄県発足
10・17　第4次中東戦争でオイルショック
一九七六年
9・09　毛沢東死亡
一九七八年
8・12　日中平和友好条約調印
一九七九年
1・01　米中国交回復
2・01　イラン革命

10・16 釜山・馬山で維新・独裁反対の街頭示威
10・26 朴正熙大統領暗殺
12・12 全斗煥ら新軍部、粛軍クーデター
12・21 崔圭夏、大統領就任

一九八〇年

5・18 光州民衆抗争
5・27 韓国軍が光州民衆抗争を武力鎮圧
8・27 全斗煥、大統領就任

一九八二年

10月 元豊毛紡労組死守闘争

一九八五年

6・24 九老で労働者の連帯闘争（九老同盟罷業）

一九八七年

6・10 六月民衆抗争
6・29 盧泰愚、「民主化宣言」発表
7〜9月 労働争議が全国に拡大（労働者大闘争）

一九八八年

2・25 盧泰愚、大統領就任

一九八九年

3・25 文益煥牧師、北朝鮮を訪問

3・28 米、スリーマイル島原発で事故
12・27 ソ連、アフガニスタン侵攻

一九八〇年

9・17 ポーランド自主管理労組「連帯」結成
9・22 イラン・イラク戦争勃発

一九八五年

8・15 中曽根が靖国公式参拝

一九八七年

1・01 中国、天安門事件
4・01 国鉄分割民営化、ＪＲグループ発足
10・26 沖縄国体会場で日の丸焼き捨て事件

一九八八年

8・20 イラン・イラク戦争停戦

一九八九年

11・09 ベルリンの壁崩壊

6・30 全大協代表林秀卿、北朝鮮を訪問
10月 韓国スミダなど日系企業で争議続発、日本本社への遠征闘争も展開
一九九〇年
1・22 全国労働組合協議会（全労協）結成
一九九一年
3・26 三〇年ぶりの市・郡・区議会選挙
9・17 南北国連同時加盟
一九九三年
2・25 金泳三、大統領就任
一九九四年
7・08 北朝鮮、金日成急死
一九九五年
6・27 三五年ぶりに知事・市長選挙実施
11・11 全国民主労働組合総連盟（民主労総）結成
11〜12月 盧泰愚・全斗煥、反乱容疑などで逮捕
一九九七年
12・03 ＩＭＦに支援要請（二年間の金融危機）
一九九八年

11・22 日本労働組合総連合会（連合）発足
12・22 ルーマニア、チャウシェスク政権崩壊
一九九〇年
10・03 東西ドイツ再統一
一九九一年
1・17 湾岸戦争勃発
12・25 ソ連邦崩壊、独立国家連合（ＣＩＳ）に
一九九三年
8・09 細川連立政権発足、55年体制の崩壊
一九九四年
6・30 自社さ連立で村山内閣発足
一九九五年
8・15 首相、アジア諸国に植民地支配と侵略を謝罪
9・04 沖縄で米兵による少女暴行事件
一九九七年
7・01 香港、中国返還

2・25　金大中、大統領就任

二〇〇〇年

4・13　総選挙、落選運動を展開

6・15　金大中・金正日、南北共同宣言を発表

6・29　ロッテホテル籠城中の組合員を警察が強制排除、非正規職労働者の闘いが拡大

二〇〇一年

5・21　鉄道労組、初の委員長直接選挙で民主労総派候補が当選

二〇〇二年

6・13　米軍装甲車が女子中学生二人を轢殺、全国に抗議のろうそくデモが拡大

二〇〇三年

2・25　盧武鉉、大統領就任

6・09　韓国シチズン労組、日本遠征闘争

二〇〇四年

8・25　韓国軍イラク派兵

二〇〇六年

7・27　韓国山本労組、日本本社に遠征闘争

二〇〇〇年

7・21　九州・沖縄サミット

11・09　ペルー、フジモリ政権が崩壊

二〇〇一年

9・11　アメリカ同時多発テロ事件

二〇〇二年

8・05　住民基本台帳ネットワーク開始

9・17　小泉訪朝、金正日が拉致問題を認める

二〇〇三年

3・19　米英、イラクに侵攻しイラク戦争勃発

6・06　戦後初めて有事法制が成立

二〇〇四年

1・18　自衛隊イラク派兵

二〇〇六年

11・16　衆院本会議で教育基本法改正案可決

解説

広木道子

はじめに

この本に登場する八人の女性たちの物語は、一九六〇年代から八〇年代に至るあの厳しい独裁政権時代を生き抜いてきた韓国の働く女性たちの記録であるとともに、今どのように生きているのかにつながる現在進行形のライフストーリーである。日本の若い世代にとって韓国は、いまや「先進国」の一員であり、食文化をはじめ映画・音楽・ファッション・スポーツなどでもっとも身近な国の一つとなっている。けれどわずか二〇年前まで、とりわけ工場で働く女性たちにとっては、想像を絶する過酷な労働と非人間的な扱いに耐え、困難に立ち向かう日々の連続であり、まさに、鉄条網の中の青春であった。しかしその中でも可憐でやさしいツルバラを見事に咲かせ、やがて鉄条網を断ち切る強くて大きい力となった。

この八人の物語を通して、本格的な工業化が開始された一九七〇年代はじめからグローバル化の深まりゆく今日に至るまで、韓国の政治・経済・社会のありようを知ることができる。同時に、その中で女性たちがどのように生き、闘い、成長してきたのか、八人のライフストーリーを通して、その背後に咲き誇る無数のツルバラを見ることができる。

韓国女性労働者会協議会（ＫＷＷＡＵ）は、韓国の高度経済成長を支え、民主労働運動のさきがけとなり、社会の民主化に大きく貢献した女性労働者たちの運動の歴史を五年がかりで記録にまとめた。この八人のライフストーリーはその中の一部であり、一人ひとりの具体的な生き様を描くことで、埋もれさせてはならない真実味のある記録となったのである。

韓国の経済発展と女性労働

韓国において急速な経済成長の原動力となったのは、生産現場で働く女性労働者であったことはすでに周知の事実である。それはどのようにして成し遂げられたのか、韓国の経済発展と女性労働の関わりを簡単にたどってみる。

一九六〇年代はじめ、クーデターによって登場した朴正熙《パク・チョンヒ》政権は、六〇年代後半、外国資本を導入して輸出産業を育成する輸出指向型工業化政策を打ち出した。すなわち、繊維・衣服・皮革製品やカツラ・旅行かばん等の雑貨製品など労働集約的な製造業の育成であり、そこで必要とされたのは、安くて従順でよく働く労働者として期待された女性労働者であった。

政府は一九七〇年に「輸出自由地域設置法」を制定し、馬山《マサン》と裡里《イリ》に輸出自由地域を設置して外国資本に開放した（馬山では誘致した工場の九割以上を日本企業が占めていた）。この頃には電機・電子産業育成に力を注ぎ、低技術の家電製品製造から精巧な半導体やコンピュータへと拡大していくが、ここでも女性労働者が生産の主要な担い手となった。その当時、韓国は「誰もが貧しくひもじい時代」

だった。職があれば働きたい女性はいくらでもいたのである。

八人の物語のはじめに登場するイ・チョンガクさん（第一章）は一九四八年生まれ。朝鮮戦争のさなかに母に背負われて北から南にやってきたという。貧困と弟妹の世話のために中学を中退したが、先に東一《トンイル》紡織で働いていた姉のお陰で、一九六六年に東一紡織に入社し、紡績女工として働き始めた。政府を挙げて輸出産業を振興していたそのときであった。イ・チョンガクさんは今でも、青い作業服を着て機械の前で働く夢を見るという。巨大な機械とホイッスルの音、班長の怒鳴り声、一日一〇時間、一二時間以上の労働……。彼女は生産目標がどんなに高くても、他人に負けずに働き、模範社員として表彰されたことを励みにさらに一生懸命働いた。

一九五五年生まれのパク・テヨンさん（第四章）は、小学校を卒業した後一三歳で縫製工場に入る。勉強がしたくて教会が運営する夜学に入り、徹夜残業をしながらがんばったが学校にも行けない日が続いて工場を辞めた。その後一九七三年、カツラ、縫製品、電子製品、手袋の製造をしているYH貿易に入り、従業員四〇〇〇人のひとりとして働くことになった。中学を卒業して家事手伝いに明け暮れていたチョン・ソンスンさん（第六章）が、社員募集広告を見て元豊《ウォンプン》毛紡に入ったのもちょうどその頃だった。幸い、ここにはすでに民主的な労働組合があり労働条件が比較的よかったため仕事の合間に簿記教室に通うこともできた。ユン・ヘリョンさん（第二章）が小学校卒業後、年齢をごまかして縫製工場に入ったのも一九七四年。一〇〇〇人余りの工場は地方から出て来た若い女性たちで一杯だった。小学生の頃、弟と一緒に露店で働き家族の食い扶持を稼いできたヘリョンさんは、工場での辛い徹夜にも耐えて熱心に働き、三年後には選ばれて産業体特別学校（定時制中学）に入学した。貧しい暮らしの中で自分は中学に行くことさえあきらめ、家族の生計費と兄弟たちの学費のために文句ひとつ言わず懸命に働き、折あらば夜学などの学校に通って勉強する女性たちは、企業にとっても高い労働意欲を持つ良質の働き手であったに違いない。

韓国は、一九七〇年代末には台湾、香港、シンガポールとともにアジアＮＩＣＳ（新興工業諸国）と呼ばれるほどに好調な経済成長を果たしたが、八〇年代後半になると国際分業に大きな変化が起き、もともと外国の下請システムに依存してきた労働集約的な輸出産業は停滞を余儀なくされた。外国資本の撤退とともに韓国の企業も、国内の工場を閉鎖してもっと低賃金・低コストで大量生産が可能な中国や東南アジア、中米諸国に生産拠点を移していき、繊維・衣服・靴・電子など輸出産業で働いてきた韓国の女性たちの雇用に重大な影響をもたらしたのである。

一九八一年に韓国から撤退した米国系電子会社コントロールデータやＹＨ貿易の廃業に見られるように、相次ぐ工場閉鎖によって女性労働者の数は激減した。八九年末に始まった来日闘争で知られる馬山輸出自由地域の日系企業・韓国スミダ、裡里輸出自由地域のアジアスワニー、京畿道《キョンギド》の韓国ＴＮＤの工場閉鎖と大量解雇もこのような中で強行された。韓国スミダのパク・ソンヒさん（第七章）、釜山《プサン》の靴工場で働くパク・シンミさん（第三章）の物語にそのことがよく現れている。

グローバル化の進展とともに国際的なコスト競争が激しくなる中で、国内では労働コストを抑制するさまざまな経営戦略がとられた。業種転換、自動化、そして下請制度が強化された。正規雇用は大幅に減少し、下請け企業の利用と臨時やパート、派遣などの不安定雇用が増大したが、そのどれもが女性労働者の雇用と労働条件の悪化につながった。一九九七年末の経済危機によりＩＭＦ（国際通貨基金）体制に入ると企業閉鎖と大量解雇が急増し、女性たち自身の失業に加え、夫の失業を穴埋めするためにパートや臨時で働く既婚女性の低賃金労働が広がった。さらに、労働者の解雇を容易にする整理解雇制と勤労者派遣法が前後して法制化され、労働者の非正規化が一層進み、今では雇用女性の七割が非正規労働者となった。産業構造の転換によって使い捨てされた女性労働者は、今度は景気と雇用の調整役として韓国経済の底辺を支えているのである。

人間の尊厳をかけた女性たちの闘い

一九七〇年代の労働運動は、一九七〇年一一月の全泰壱《チョン・テイル》焼身抗議から始まった。全泰壱はソウルの清渓《チョンゲ》地区にある零細な縫製工場の密集地域で裁断工として働いていた。ここで働く二万人余りの労働者の大半が一四歳から二〇歳までの若い女性たちだったが、なかでも劣悪な労働環境の下、信じがたいほどの長時間労働と低賃金に耐え、頭ごなしに叱られながら酷使されるシタ（見習い）と呼ばれる少女たちの姿に心を痛めていた。人権尊重と労働条件改善を訴えた彼の命がけの抗議は、知識人、政治家、宗教家を含む韓国内のあらゆる階層の人々に大きな衝撃を与えた。輸出産業の発展によって順調に経済成長を続けていたその陰で、女性たちの労働の実態がどんなものか省みられることはそれまでまったくなかったのである。

全泰壱の死をかけた抗議に最も激しく心を揺さぶられたのは、そのような労働現場で働く女性たち自身であった。彼の死後、その遺志をついで「清渓被服労働組合」が誕生した後、いくつかの繊維工場で労働組合の民主化の動きが始まった。一九七〇年、朴政権は「外国人投資企業の労働組合及び労働争議調整に関する臨時特例法」を制定し、さらに翌年「国家保衛に関する特別措置法」を制定、七二年に朴正煕の終身大統領を保障する「維新体制」を確立することによって、労働運動を完全に政府の統制下に置いた。唯一存続していた韓国労総（韓国労働組合総連盟）は、労働者を管理して維新体制を推進するものとしてのみ機能した。輸出産業に働く女性たちは、このような状況を改善するためには反労働者的な御用組合を民主的な組合に変革しなければならないことに気づき始めた。

東一紡織のイ・チョンガクさんの物語は、一九七八年二月に組合事務所で起こされた糞尿事件から始まる。そこでは女性を中心に活動する民主的な労働組合執行部をつぶすために、会社にそそのかされた男性社員が組合事務所に糞尿を撒き散らし、女性組合員にまで糞尿を浴びせて支部長選挙を妨害するという信じられない光景が繰り広げられた。東一紡織は一九七二年の組合支部長選挙で御用組合を破り、韓国ではじめて女性支部長（全国繊維労働組合の支部）を選出した民主労組であった。しかし会社、男性社員、そして警察から言語に尽くせぬ虐待や弾圧を受け続け、この「糞尿事件」の後、支部長であったイ・チョンガクさんを含む一二四人が解雇されたことによって民主労組はつぶされてしまった。九〇年代まで続く悪名高いブラックリスト（労働者の再就職を阻むため業界にばら撒かれた争議参加者のリスト）は、このとき全国繊維労組によって作られたのが始まりと言われる。

カツラの対米輸出会社であったＹＨ貿易では、事業の失敗と輸出の低迷に直面していた七〇年代半ばに民主労組が結成されたが、七九年の工場閉鎖反対闘争は韓国の政治を一変させるほどの大闘争となった。同年八月、警察などの武力によって工場を追い出された労働者が野党である新民党の本部ビルにろう城し、ビルに突入した機動隊や警察との衝突の中で、組合の常任執行委員であったキム・キョンスクさんが死亡したのだ。この事件が朴正熙政権の崩壊につながったといわれている。

東一紡織よりひと足先に民主労組を実現したのは、元豊毛紡労組であった。一九七二年の組合代議員選挙で御用労組だった指導部を抑え、過半数を超える女性代議員を選出して民主労組を実現させた（支部長は男性）。八〇年に登場した全斗煥《チョン・ドゥファン》軍事政権は、民主労組を敵対視し、労働法の大改悪と暴力的な介入によって民主労組を徹底的に弾圧した。元豊毛紡労組は八二年に壊滅させられるまで、民主労組の最後の砦として闘いぬいたが、最後の支部長であったチョン・ソンスンさんは、あらん限りの暴行を受けた挙句、逮捕・拘留され、一一カ月の服役を終えて出所したときには、体はボロボロだったと証言している。

ところで、厳しい独裁政権下にあった一九七〇年代に、韓国の若い女性たちがこれほどまでに果敢に闘えたのはなぜだろうか。その根底には、過酷な労働条件と人間扱いされない屈辱的な状況が彼女たちを止むにやまれぬ闘いに駆り立てたという背景がある。それに加えて、日本にはみられない韓国に特異な条件として、キリスト教団体の影響を見落とすことはできない。

その中心となったのはカトリック労働青年会（ＪＯＣ）とプロテスタント系の都市産業宣教会（ＵＩＭ）であった。いずれもキリスト教の世界的な運動であるが、韓国では工場労働者が増大した六〇年代後半頃から、労働者の意識化と組織化に力を注ぐようになった。東一紡織のイ・チョンガクさんは早くからＪＯＣの会員であったし、イ・チョルスンさん（第八章）は工場での生活を始めるとまもなくＪＯＣのオルガナイザーになり、多くの工場で女性労働者の教育と組織化に取り組んだ。七〇年代の女性労働者の闘いを支え続けてきたＵＩＭの趙和順《チョ・ファスン》牧師は、伝道ではなく労働経験のための現場研修という約束で六カ月の予定で入った東一紡織で、女性労働者の過酷な労働実態を目の当たりにし、聖職者として労働者とともに生きることを誓ったという。ＪＯＣとＵＩＭの活動は、小グループ活動と教育を中心に進められた。小グループはレクリエーションや文化活動など参加者自身による自由な活動を通して仲間意識を育て、労働者としての自覚を高める基盤となった。また、「夜学」を通して行われた教育活動は、労働法や労働組合、労働者の権利など、学校教育を受ける機会の少なかった女性労働者にとって唯一の学びの場となった。さまざまな苦しみを抱えた女性労働者にとって、教会は心の安らぎを得られるよりどころとなり、政治的自由を奪われていた当時の労働者にとっては、わずかに残された安全な場所でもあった。しかし、労働者の闘いが先鋭化するにつれてＪＯＣやＵＩＭに対する攻撃も激しくなり、趙和順牧師はじめ多くの聖職者が拘束され投獄されるなど厳しい弾圧を受けるようになった。

全斗煥政権の出現とともに幕を開けた一九八〇年代は、光州《クァンジュ》民衆抗争を経て政治の民主化を求める運動が高揚した時であり、産業構造の変化によって増大した重化学工業の男性主体の職場でも活発な労働組合が生まれるなど質的変化が見られた。八五年にはソウル郊外の九老《クロ》工業団地で、大宇《テウ》アパレルの組合役員が逮捕されたことをきっかけに、多くの組合の連帯ストライキに発展した。ユン・ヘリョンさんが事務局長を務めていたカリボン電子の組合もこの中で重要な役割を担った。この連帯ストは多数の逮捕者を出し、大量解雇や出勤停止など大きな犠牲を払って終わったが、労働組合が政治課題に正面から取り組んだはじめての連帯ストとして高く評価されている。

八〇年代には学生が労働現場に入り労働者と連帯して闘うことが学生運動の戦略とされ、多くの学生がいわゆる偽装労働者として工場に入った。釜山大学を卒業してゴム工場に入ったパク・シンミさんもそのひとりだが、学生出身であることを見破られず労働者として信頼されるようになるためにどうしたらよいか、涙ぐましい努力をしている。その一方で、ひょんなことから組合活動をやることになったウォン・ミジョンさん（第五章）のように、学生出身者に対して反発する気持ちを率直に語る人もいる。ともあれ、七〇年代の組合民主化闘争以来、厳しい弾圧の中で培われた労働者の力は、一九八七年夏の大闘争へと導かれていった。その後の韓国の労働運動は世界でもっとも戦闘的な運動として評価されるようになった。九七年には民主労総（全国民主労働組合総連盟）が全国労働組合組織として正式に認可され、韓国労総も従来の路線の修正を迫られることになった。同時に、労働運動における女性たちの存在は見えにくくなった。

女性労働者の新たな旅立ち

八人のライフストーリーのハイライトは、生存権と人間としての尊厳をかけた女性たちの闘いにある。とはいえ、自分が労働運動のリーダーになる日が来ようとは誰ひとりとして考えてはいなかった。何より人の前に立つ自信が持てなかった。最も恐れたのは「アカ攻撃」であった。弾圧政治の中で労働運動の最前線に立つということは、警察への連行、逮捕、投獄、拷問などを覚悟することであり、さらに家族への影響も考えなければならなかった。こうした悩みや葛藤を抱えながら、彼女たちは人として生きるために闘う道を選ぶほかなかったのである。

しかし、その女性たちが異口同音に語っていることは、そうやって生きてきた人生がどんなに幸せなものだったかということである。当時の怒り、闘い、勇気、それが私の生活のすべてであったことを誇りに思うと語り、七〇年代、八〇年代を全身で抵抗して生きてきた自分たちの試練が決して無駄にならなかったことに感謝していると言う。

貧しい少女時代、「女の子に勉強なんかさせて何になる」「娘に教育を受けさせるとろくなことにはならない」と満足に教育を受けられなかった女性たち。労働現場では男性管理職や管理職候補の男性工員から女性蔑視の暴言が浴びせられ、セクシュアル・ハラスメントや性暴力は日常茶飯事であった。

留置場や獄中では性拷問やさまざまな屈辱とも闘わなければならなかった。女性であることでより大きな差別を受けながら厳しい時代をともに生きてきた仲間たちとの強い信頼関係が、何よりも彼女たちの生を支えている。

そして今、民主化以降の韓国社会の担い手として、さまざまな活動に取り組んでいる女性たちの姿に触れられることもこの本の魅力である。地域の人々とともにコミュニティ活動をしている人、労働者の代表として議会で活躍している人、引き続き労働組合の仕事や女性団体の活動をしている人、地域をベースにした政府の委託事業で重責を担っている人。それぞれに自分の生きる道を切り開き、次の世代を育て希望を託そうとしている。今こうして輝いている八人の女性たち、さらにここに登場しなかった多くの女性たちに惜しみない拍手を送りたい。

最後に、この本を出版した韓国女性労働者会協議会（KWWAU）について簡単に紹介しておきたい。KWWAUは七〇年代に民主労組建設の先頭に立ち解雇などで職場を失った女性たちが、一九八七年三月、「六・二九民主化宣言」を前に立ち上げた女性労働者団体である。九二年に全国協議会となり、現在九つの地域組織に五〇〇〇人を越える会員を持つ（二〇〇七年一月の大会で全国的な単一組織とすることを決定した）。九九年には全国女性労働組合（KWTU）の結成を支援し、〇三年から働く女性のアカデミー（WWA）を設立して女性労働者の教育とエンパワーメントに力を入れている。八人の女性のうち何人かが地域の自立支援センターで館長を務めているが、これは一九九七年のIM

F体制の下で増大した失業女性と低所得女性に対応するためにKWWAUが始めた活動を基礎とし、現在、政府の委託事業として運営されているものである。

またイ・チョルスン（イ・マリア）が六年間にわたって事務局長を務めたアジア女性労働者委員会（CAW）は、アジア地域の女性労働者グループのネットワークである。現在、アジア一四カ国、三九のグループが加入しており、CAWネット・ジャパン（旧アジア女子労働者交流センター）もその一員である。韓国の女性労働者の運動はCAWを通してアジアをはじめ世界中に伝えられ、また韓国の女性労働者運動にグローバルな広い視野を与えている。

（アジアと日本の働く女性をつなぐ　CWAネット・ジャパン）

訳者あとがき

大畑龍次

本書は、『鉄条網に咲いたツルバラ』（知識の翼、二〇〇四年一一月刊）の邦訳である。韓国女性労働者会協議会が企画し、女性作家・パク・ミンナ（朴敏那）さんの手によってドキュメンタリー風に書き下ろされた本書には、八人の韓国女性運動家のライフストーリーが描かれている。韓国女性労働者会協議会は二〇〇二年に『韓国女性労働者運動史』（ハンウル・アカデミー）を上下刊として企画・出版したが、本書はこの分厚い研究書の普及版のような位置づけで、韓国女性労働者運動の一端に触れることができるものだ。

出版にいたる経緯について若干書き添えておきたい。筆者は二〇〇五年、日韓労働者交流の旅で馬山《マサン》・昌原《チャンウォン》地域のいくつかの職場を訪問して労働者、労働組合との交流を行った。その際に本書にも登場するパク・ソンヒさんにお会いし、「私たちのスミダ闘争のことが本になったのよ」というお話を聞き、後日贈って頂いたのが本書の韓国版だった。八人の方のライフストーリーが生き生きと伝わってきて、日本でも紹介しようと翻訳をすすめるかたわら、出版社を探しはじめた。そうしてお会いしたのが同時代社の川上徹さんだった。日本の出版事情や労働運動の現状にかんがみ、翻訳出版をひとつの運動として進めようということになった。あちこちに協力を呼びかけるうちに広木道子さんが代表を務めるＣＷＡネット・ジャパンでも翻訳出版を準備していることを知り、「それでは一緒に…」とスタートさせたのが「『鉄条網に咲いたツルバラ』の出版をすすめる会」だった。呼びかけ人を、大倉一美（カトリック東京・正義と平和委員会担当牧師）、清水澄子（元参議院議員、ℓ（あい）女性会議常任顧問）、東海林勤（高麗博物館理事長）、柚木康子（全石油昭和シェル労働組合副委員長）、伊藤晃（千葉工業大学教授）、富山妙子（画家）、鎌田慧（ジャーナリスト）、広木道子（アジアと日本の働く女性をつなぐ　CAWネット・ジャパン）、塩沢美代子（元アジア女子労働者交流センター所長）の各氏にお願いし、翻訳出版への賛同、販売協力を要請する活動の結果、本書の出版となった。本書の出版作業がこうした多くの協力者のもとで進められたことを嬉しく思う。

本書出版のこうした経過もあり、また八人のライフストーリーがそれぞれ独立した章立てになっていることから、五人の翻訳者による共訳書とした。各章は各翻訳者の責任に帰するが、合意のもとに表記、訳語の統一を行った。「発刊の言葉」、「日本語版によせて」は大畑が翻訳し、日本語版のための解説（広木道子）、関連年表（宮内正義）、地図などを新たに執筆・作成した。

本書の出版を心よく受け入れてくださった著者パク・ミンナさんと韓国女性労働者会協議会の皆さんには、翻訳にあたっても協力していただいた。さらに、同時代社の川上徹さん、呼びかけ人の皆さん、翻訳に協力いただいた太田久美子さん、日向よう子さん、一部写真を提供くださった高波淳さん、そして古田武さん、常岡雅雄さん、大島ふさ子さんをはじめとする「『鉄条網に咲いたツルバラ』の出版をすすめる会」の皆さん、本書の翻訳出版に賛同していただいた多くの皆さんに感謝したい。

二〇〇六年一二月

《著者紹介》

パク・ミンナ（朴敏那）

一九八三年、梨花女子大英文科卒業。九老《クロ》工業団地の㈱ロムコリアに入社、一九八五年の九老同盟ストライキに参加。一九九二年、「馬山昌原《マサンチャンウォン》女性労働者会」事務局長として女性労働者運動を開始、現在は作家活動をもうひとつの運動として、「韓国女性労働者会協議会」季刊誌『働く女性』に「パク・ミンナの暮らしの話」を連載。女性芸術集団「オルム（上昇の意）」の作家として二〇〇〇年三・八国際婦人デー記念のミュージカル『そうよ、私たちの手に』に参加、創作劇を準備中。韓国シナリオ作家協会付属の映像作家専門教育院創作クラスを修了し、映像関連の活動も。フリージャーナリストとして『MBCジャーナル』『イルダ』『イフ』『暮らしの窓』に寄稿。

《訳者紹介》

大畑正姫（おおはた　まさき）

東京都出身。一九九〇年から一九九五年まで韓国語留学、ソウル、釜山在住後、東京で韓国・朝鮮語通訳、翻訳業。主な訳書『金大中拉致事件の真相』（三一書房）、『朝鮮の虐殺』（太田出版）、共訳『オーマイニュースの挑戦』。東京都在住。

大畑龍次（おおはた　りゅうじ）
一九五二年北海道生まれ。一九九〇年から二〇〇一年まで韓国在住。共訳書として『朝鮮の虐殺』『オーマイニュースの挑戦』いずれも呉連鎬著、太田出版。雑誌などに朝鮮半島に関するレポート、論考を多数掲載。

小池恵子（こいけ　けいこ）
一九四〇年生まれ。元アジア女子労働者交流センター事務局。現ＣＡＷネット・ジャパン事務局。日本キリスト教団百人町教会所属。韓国の蚕室中央教会との姉妹教会関係の中で韓国語を学ぶ。

萩原恵美（はぎわら　めぐみ）
翻訳家。東京外語専門学校日韓通訳科、現代語学塾講師。訳書『殴り殺される覚悟で書いた親日宣言』（ランダムハウス講談社）、『四月の雪』（共訳、ワニブックス）、『高句麗好太王』（共訳、ワニブックス）など。

尾澤邦子（おざわ　くにこ）
一九八九年「韓国スミダ労組と連帯する会」の活動に参加。九二〜九四年韓国に語学留学。九六〜二〇〇六年、八回の韓国民衆歌謡歌手や「希望の歌コッタジ」の来日コンサートに関与。二〇〇五年『歌よ、はばたけ!――韓国の民衆歌謡』(つげ書房新社)の歌集とCDを企画・編集。「韓国の民衆歌謡編集会議」「ノレの会」代表

「『鉄条網に咲いたツルバラ』の出版をすすめる会」連絡先

〒一一三-〇〇三三　東京都文京区本郷一-四-一　全水道会館三F

東水労　古田武気付

電話:〇三-三八一四-三七九五　FAX:〇三-三八一五-五三四一

鉄条網に咲いたツルバラ―韓国女性8人のライフストーリー

2007年2月22日　初版第1刷発行

著　　者　パク・ミンナ（朴敏那）
監 修 者　大畑龍次
カバーデザイン　クリエィティブ・コンセプト
発 行 者　川上　徹
発 行 所　㈱同時代社
〒106-0065　東京都千代田区西神田2-7-6
電話 03-3261-3149　FAX 03-3261-3237
印　　刷　㈱小　田

ISBN978-4-88683-599-4